陈春花管理经典

协同

数字化时代组织效率的本质

陈春花 朱丽 著

· 精编版 ·

机械工业出版社
China Machine Press

图书在版编目（CIP）数据

协同：数字化时代组织效率的本质（精编版）/ 陈春花，朱丽著．—北京：机械工业出版社，2020.3（2020.5 重印）
（陈春花管理经典）
ISBN 978-7-111-64935-9

I. 协… II. ①陈… ②朱… III. 企业管理 – 组织管理学 – 研究 IV. F272.9

中国版本图书馆 CIP 数据核字（2020）第 034688 号

协同：数字化时代组织效率的本质（精编版）

出版发行：机械工业出版社（北京市西城区百万庄大街 22 号　邮政编码：100037）
责任编辑：冯小妹
责任校对：殷　虹
印　　刷：北京文昌阁彩色印刷有限责任公司
版　　次：2020 年 5 月第 1 版第 2 次印刷
开　　本：103mm × 145mm　1/64
印　　张：4.25
书　　号：ISBN 978-7-111-64935-9
定　　价：59.00 元

客服电话：（010）88361066　88379833　68326294　投稿热线：（010）88379007
华章网站：www.hzbook.com　读者信箱：hzjg@hzbook.com

目录

| 第二部分 |

协同管理的关键构成要素

第三章 企业边界

第四章 基于契约的信任

引言

为什么是协同管理

我们正经历前所未有的发展和变化，这些变化从各个方面都能体现出来。迅速扩张的新领域、未来已来的迭代、人工智能的渗透、层出不穷的新商业模式、融入生活的数字技术、超出想象的变革步伐……

这一系列的变化，要求组织管理做出相应的改变，而且改变需要遵从一个全新的、结果导向的模式。

组织管理的实践活动中，如何提升组织

效率是最为核心的命题。管理需要解决的根本问题是如何提升效率。这是德鲁克（Peter F. Drucker）和我们的共识，而百年管理理论也是围绕着这个问题展开的。

从管理演变的历史来看，第一个阶段是科学管理阶段，代表人物是泰勒（Frederick Winslow Taylor），这个阶段所解决的问题是如何使劳动效率最大化；第二个阶段是行政组织管理阶段，代表人物是马克斯·韦伯（Max Weber）和亨利·法约尔（Henri Fayol），这个阶段解决的问题是如何使组织效率最大化；第三个阶段是人力资源管理阶段，包括人际关系理论和人力资源理论，这个阶段解决的问题是如何使人的效率最大化。

管理大师为解决劳动效率、组织效率、人的效率等问题提出了“分工”“分权”“分利”理论，并在理论基础上建立了“责、权、利”

对等模式。这些经典理论与模式在过去百年中指导无数企业改善管理、提升效率。

在持续研究组织效率的过程中，我们明白，影响组织环境的变量是极为多样的，因此我们需要把研究放在企业真实场景中，也就是如查尔斯·汉迪（Charles Handy）所说的那样："对于组织现象的阐释，应该像历史学家那样使用回归当时具体环境的方法。"[㊀]把今天的环境背景嵌入研究中，这个方式给予我们巨大的帮助，让我们发现了今天组织管理与以往的不同：

:: 强个体出现，组织与个体之间关系改变。

:: 强链接关系，影响组织绩效的因素由内部转向外部。

:: 技术创新与技术创新普及的速度加快，

㊀ 查尔斯·汉迪. 组织的概念［M］. 方海萍，等译. 北京：中国人民大学出版社，2006.

驾驭不确定性成为组织管理的核心。

∷组织不再具有“稳态”结构。

∷“共生”成为未来企业组织发展的进化路径。

上述五点组织管理特征引发我们围绕着组织管理的变化展开研究。**在共生时代，组织获得系统整体效率成为关键，我们的结论是：协同管理，可以让系统整体效率最大化。**

这本书的主题是探究组织效率的新来源。我们的目的是系统地回答如下这个核心问题：**“在互联网技术与数字化生存背景下，组织的效率从何而来？”**我们期待梳理清楚组织效率发展的脉络：在每一个阶段其内在的核心关键是什么？新的效率因何而产生？新效率如何构成？要素之间的界定以及认知如何？管理者如何改变自己的行为？

本书的第一部分包括一些基本观点和判断，可以帮助我们更好地认识组织管理面对的新挑战，以及相应的概念和必须做出的判断。我们提出了四个基本观点和四个基本判断。它们很多是关于新环境下组织必须要面对的基本情形以及管理者的基本认知。也许你会有不同的认知和判断，但是我们希望这些观点和判断可以引发大家的思考，并提供一个新的视角。因为在我们看来，认识世界本身就是多个视角不断进化的过程。

本书第二部分根据第一部分介绍的基本观点和基本判断，把着眼点放在构成系统整体效率的一些关键要素以及组织在新环境下所必须面对的问题上。关注系统整体效率首先是因为今天的企业是在更多的外部资源高效链接与协同中生存的，因此，我们关注的第一个关键要素是**企业边界**。而在持续动态的环境下，无论是企业自身，还是企业外部成员之间，都需要有在动态中构建有效协作关系的能力，否则无法获得整体效率，因此，我们关注的第二个关键要素是**契约与信任**。在重构边界与建立基于契约信任的基础上，我们可以分别讨论第三个、第四个关键要素，**组织内协同与组织外协同**。这些关键要素的获得，主要是从领先企业的实践中归纳而出，每一个鲜活的企业实践都给予了我们巨大的帮助。

本书的第三部分在前两部分的基础上，聚焦于实践运用。我们一直致力于理论与实践合一，所以当从优秀企业实践中总结出一些规律性的认识后，我们也力图让这些认识回归到实践中发挥作用。这部分我们围绕着三个话题展开：**一是如何塑造协同价值取向，二是关注管理层的反应以及对员工的影响，三是培养卓有**

成效的协同管理行为。

有关本书讨论问题的回答，对我们来说是个很大的挑战，一方面是因为这些问题都是今天所处时代的管理新问题，另一方面是因为把实践上升为规律性认识本身就是一个巨大的挑战。但是我们决定接受这个挑战，以获得一个组织理论与研究创新发展的起点。

我们希望借助于这本书，可以解释和描述今天优秀企业的组织管理实践，让大家可以理解这些实践中可借鉴的部分是什么；我们希望借助于这本书，综合现有的研究成果，可以帮助企业管理者理解当前组织效率的改变，并应用在自己的企业实践中；当然，我们也希望借助于这本书，可以拓展一个新的研究领域，让更多的学者关注到共生时代背景下，系统整合效率的价值贡献，并有更多有意义的研究延伸出来。

01

第一部分

协同管理的基础

动荡时代最大的危险不是动荡本身，而是仍然用过去的逻辑做事。

——彼得 · 德鲁克

第一章

观点与判断

对于所有行业和企业而言，问题不再是“我们是否被他人颠覆”，而是“颠覆会何时到来，会以什么形式出现，对我们和我们所在的组织会产生怎样的影响”。颠覆实实在在地发生，我们也无法逃避其影响……

——克劳斯·施瓦布（Klaus Schwab）

回顾改革开放40多年取得的巨大成就，中国已然成为举世瞩目的商业大国，对于全球经济的影响日益凸显。过去40多年我们探寻的是高速增长的模式，接下来我们要做的就是沿着“中国企业价值进化”的路线，实现更加高效的价值创造，这也是我们组织理论研究一直遵循的主线。

全球经济进入大发展和大变革的调整期，世界经济从要素和资源驱动逐步向创新驱动转变，经济发展正面临重大调整期，变革窗口已经开启。国家、企业和个人，都将面临千载难逢的重大机遇期。在过去的一年中，中美关系冲突、互联网技术的挑战、数字化带来的价值重构、全球市场的变局等一系列震动，构筑了一个复杂性与多变性共存的外部环境。

颠覆已然到来

在我们陪伴中国企业成长和管理研究的近30年历程中，从没有像现在这样感受到变化之迅疾，“颠覆性创新”几乎每一天都在发生。克劳斯·施瓦布认为，“对于所有行业和企业而言，问题不再是‘我们是否被他人颠覆’，而是‘颠覆会何时到来，会以什么形式出现，对我们和我们所在的组织会产生怎样的影响’。颠覆实实在在地发生，我们也无法逃避其影响……”[1]

---

[1] 克劳斯·施瓦布. 第四次工业革命：转型的力量［M］. 北京：中信出版集团，2016.

“如何避免组织被颠覆”将成为企业管理者在巨变时代的主要挑战。大部分企业并不了解互联网对于企业颠覆的本质影响，以及如何才能更加高效地创造价值。正如陈春花和廖建文所研究的那样，企业被颠覆背后的根本原因是，价值创造和价值获取方式已经发生了根本性变化，商业的核心范式已经发生了根本性的改变。㊀

德鲁克先生曾说：“动荡时代最大的危险不是动荡本身，而是仍然用过去的逻辑做事。”正是因为战略底层逻辑的改变，作为支撑战略的组织系统，必须能够确保战略得以高效率地实施。**正如华为创始人任正非所言，在今天来讲，方向大致正确，关键在于执行和效率。**

㊀ 陈春花，廖建文. 打造数字战略的认知框架［J］. 哈佛商业评论，2018（7）：119-123.

所以，互联网技术背景下，因应动态的战略，也必然需要转变组织管理的逻辑，而这也是本书要解决的最核心问题。

组织管理的新挑战

百年管理理论一直在试图回答“组织效率从哪里来”这个问题。那么，今天的组织效率从哪里来？管理的逻辑如何呢？

从管理演变的历史来看，管理演变的第一个阶段是科学管理阶段，代表人物是泰勒，这个阶段所解决的问题就是如何使劳动效率最大化；管理演变的第二个阶段是行政组织管理阶段，代表人物是韦伯和法约尔，这个阶段解决的问题是如何使组织效率最大化；管理演变的第三个阶段是人力资源管理阶段，包括人际关系理论和人力资源理论，这个阶段解决的问题是如何使人的效率最大化。

在《科学管理原理》[一]（*The Principles of Scientific Management*）中，泰勒（Frederick Winslow Taylor）提出的科学管理原理所解决的中心问题就是如何提升劳动效率。泰勒认为就个体而言，只有个人劳动效率最高（日产量最大），才可以实现其财富最大化。[二]

法约尔在1916年发表的《工业管理与一般管理》[三]（*Administration Industrielle Et Générale*）中所提出的著名的"管理要素"和

㊀ 弗雷德里克·泰勒. 科学管理原理［M］. 马风才. 译. 北京：机械工业出版社，2007.

㊁ 陈春花. 泰勒与劳动生产效率：写在《科学管理原理》百年诞辰［J］. 管理世界，2011（7）：164-168.

㊂ 亨利·法约尔. 工业管理与一般管理［M］. 迟力耕，张璇，译. 北京：机械工业出版社，2007.

14 条管理原则，标志着一般管理理论的诞生。他告诉我们：组织效率最大化的手段是专业化水平与等级制度的结合。而对于专业化能力和等级制度这两个关键问题的理解，构成了组织管理的基础，也就是影响组织效率的两个关键要素。

被德鲁克誉为“管理学先知”的玛丽·福列特提出了“以人为本”“人存在于组织环境中，而不是社会中”“人际关系中的关键活动是激励人”等重要的人本观点。她解决了我们管理中的另一个问题，就是人的效率从哪里来。**个体需要在团队中进行协作并整合冲突，从而发挥更大的价值。**管理必须平衡员工需求与组织发展的目标，以及短期目标和长期目标之间的冲突，只有两者都能够得到关注并实现，管理才能够有效。[一]这就告诉我们效率来自于人的激活，效率来源于分利。

综上，迄今为止组织管理理论回答了三个效率来源的问题，劳动效率、组织效率、人的效率；分别诞生了三个经典组织管理理论，科学管理原理、行政组织理论和人力资源管理。[二]用“分”所获得的相对稳定的责任体系，进而又推进了绩效的获得，所以“分”成为主要的组织管理方法。

以上管理经典理论的回顾，能为我们展开自己的研究提供指引，因此我们的研究是沿着“组织管理的效率从哪里来”这个脉络而展开

㊀ 玛丽·福列特. 福列特论管理［M］. 吴晓波，郭京京，詹也，译. 北京：机械工业出版社，2007.

㊁ 陈春花，朱丽，徐石，刘古权.“协同管理”价值取向基础研究：基于协同管理软件企业单案例研究［J］. 管理世界（增刊），2017：13-21.

的。我们发现随着万物互联的新时代到来，影响组织管理的因素变了，无论是分工、分权还是分利的组织逻辑，都无法回答组织今天所遇到的挑战。当我们仔细去研究的时候，我们发现，互联网时代给组织管理带来改变的三个核心特征是：

第一，强个体的价值崛起。

面对传统雇用社会的消失和个体价值的崛起，谷歌的组织原则和管理模式，对组织未来的价值与意义提供了一些注解。“谷歌董事局执行主席施密特（Schmidt）和主管产品的前高级副主席罗森伯格（Rosenberg）在他们的图书 *How Google Works*[㊀] 中指出，未来组织的关键

㊀ Schmidt E，Rosenberg J. How Google Works［M］. New York: Grand Central Publishing, 2014.

职能，就是让一群 Smart Creatives 聚在一起，快速地感知客户需求，愉快地、充满创造力地开发产品、提供服务。什么样的人是 Smart Creatives？简而言之，Smart Creatives 不需要管理者进行管理，只需要组织营造氛围。”[一]互联网出现导致个体能力的改变，对于组织属性的理解也需要在一个全新的视角下进行。[二]

第二，影响组织绩效的因素由内部转向外部。

德鲁克曾经说过：“一个组织如果一贯把重点放在机会，而不是问题上面，那么它的绩效精神通常就会高涨。如果它把精力放在能出成

㊀ 陈春花. 组织变革与组织赋能［EB/OL］.［2016-6-2］. 中国人力资源网. http://www.sohu.com/a/79526018_301243.

㊁ 陈春花. 共享时代的到来需要管理新范式［J］. 管理学报，2016（2）：157-164.

果的地方，也就是放在机会上面，那么组织中就会充满兴奋感、挑战感和对成就的满足感。”[㊀]

今天，我们不得不面对的是，“全球化竞争的加剧、跨界带来的行业边界模糊等一系列挑战，使得组织寻找‘兴奋感和冲动感’成为一件更加艰难的事情。在这种艰难的背后，存在一个本质性的问题：**组织的绩效不再由组织内部的因素决定，而是由围绕在组织外部的因素决定，比如环境的不确定性，比如合作伙伴，比如跨界的对手，比如全新的技术等。**这些外部因素对于组织的影响已经远远大于组织内部的因素。今天让很多管理者无所适从的是，即使组织内部已经做得非常好，甚至远远领先于同业，但是依然无法逃离被淘汰的可能

㊀ 彼得·德鲁克. 管理：使命、责任、实务［M］. 王永贵，译. 北京：机械工业出版社，2009.

性。人们开始发现，‘组织’这个词已经随着时代的变化发生了比以往任何时候都更加深远的变化。”[1]这就是今天对于组织而言，一个必须面对的事实，离开协作，任何一个组织都无法独立生存。

第三，驾驭不确定性成为组织的核心挑战。

今天管理者的核心工作，是确保组织跟得上环境的变化，让组织具有驾驭不确定性的能力，要做到这一点，其核心是要关注组织成员的成长，并且确保成员能够持续地进行价值创造。这需要企业的领导者具有创业精神和超越自身经验的能力，特别是那些曾经被证明成功的企业及企业领导者。

---

[1] 陈春花，赵海然. 共生：未来企业组织进化的路径［M］. 北京：中信出版集团，2018.

以华为、阿里巴巴、腾讯等为代表的新锐企业取得了爆发式增长，甚至以GE、海尔为代表的传统制造企业也掀起了一股互联网转型浪潮，都是源于这些企业能够因应技术与环境的变化做出有效的战略选择并高效地执行战略。它们共同的特征是，能够驾驭不确定性，并把不确定性变成企业发展的机会。

基本观点

2010年全球市值前10大公司分别是中国石油、埃克森美孚、微软、工商银行、沃尔玛、建设银行、必和必拓、汇丰银行、巴西国家石油、苹果；到了2019年，全球市值前10大公司分别是微软、苹果、亚马逊、谷歌、脸书、伯克希尔－哈撒韦、阿里巴巴、腾讯、强生、JP摩根。[1]在今天全球领先的企业中，技术驱动的平台型企业和价值网络构建者企业，更加显现出领先的优势。

今天，我们总是被实业界问到“如何在巨变的时代成为一家好企业”这个问题，因为人们所熟知的行业或企业发生了巨大的变化，它们之中有的正在消失，有的在挣扎，也有企业更加蓬勃发展，而另一些新兴的企业迅速崛起。这些企业发展之间的差异，让我们注意到一个事实，那就是能够让企业发展好的关键在于：需要实现组织管理新旧逻辑之间的转换，其具体内涵概括为四大基本观点。

---

[1] 1990～2019全球前十大市值公司变迁［EB/OL］.［2019-04-29］. 腾讯新闻网. https://xw.qq.com/cmsid/ 20190429A0JT6R00.

本书的四个基本观点

企业必须是个整体

效率来源于协同而非分工

共生是未来组织进化的基本逻辑

价值网络成员彼此互为主体

基本观点之一：企业必须是个整体。

企业是个整体，综合才是管理的真正精髓，这是一个最真实的事实，我们需要回归到这个真实之中。卡普拉指出，“我们对我们时代的主要问题研究得越多，就越认识到这些问题不可以分立地去理解。它们是系统的问题，这就是说它们相互联系，并且相互依存。”[一]因此，我们认为，“管理需要回归到‘整体论’上，按照‘企业是一个整体’的视角去理解企业的经营与管理，尽可能地让我们贴近企业的真实情形。”[二]

陈春花在 2018 年第 5 期《哈佛商业评论》

㊀ Capra. The Web of Life: A New Synthesis of Mind and Matter [M]. London: Harper Collins, 1996.

㊁ 陈春花. 百年管理已从分工走向协同，必须了解的七大原理 [EB/OL]. [2018-05-28]. 搜狐网. http://www.sohu.com/a/233220466_169235.

中对“企业是个整体：管理整体论7大原理”[1]进行了详细论述，现将“企业是个整体”的7大原理与大家分享。

原理1：经营者的信仰就是创造顾客价值。

原理2：顾客在哪里，组织的边界就在哪里。

原理3：成本是整体价值的一部分，在本质上是一种价值牺牲。

原理4：人与组织融为一体，管理的核心价值是激活人。

原理5：影响组织绩效的因素由内部转向外部，驾驭不确定性成为组织管理的核心。

---

[1] 陈春花. 企业是个整体：管理整体论7大原理［J］. 哈佛商业评论，2008（5）：127-132.

原理6：从个体价值到集合智慧，管理者要将业务与人类的基本理想相联系。

原理7：效率来自协同而非分工，组织管理从“分”转向“合”。

基本观点之二：效率来源于协同而非分工。

我们必须接受的事实是，一切都在重构之中，认知重构、价值重构、思维重构。这些重构无疑需要一个更加广泛的视野、更加互动的关联以及更加开放的格局，这更类似于一个“生态系统”的逻辑，复杂、多元、自组织以及演进与共生。所以，我们会看到一个与之前完全不一样的情形出现，那就是**管理的效率不仅仅来自于分工，更来自于协同，因而要求组织具备一些新能力：“强链接”能力、构建**

管理的效率不仅仅来自于分工，

更来自于协同，

因而要求组织具备一些新能力：

“强链接”能力、构建柔性

价值网以及形成共生逻辑。

柔性价值网以及形成共生逻辑。[一]

今天，在互联网技术的影响下，组织绩效不仅仅需要在内部获得更加高效的整体效率，还需关注组织之外。协作成本的急剧下降，导致企业边界不断被突破，协作方式的创新，导致行业不断被颠覆。企业商业模式、组织模式、企业间协作模式，都开始呈现网状协同运作的态势。组织从线性、确定的世界，向非线性、不确定的世界转变，柔性化和万物互联成为商业时代最突出的特征。

基本观点之三：共生是未来组织进化的基本逻辑。

我们提出了“共生型组织”[二]这个新概念，

㊀ 陈春花. 激活组织［M］. 北京：机械工业出版社，2017.

㊁ 陈春花，赵海然. 共生：未来企业组织进化路径［M］. 北京：中信出版集团，2018.

提出的依据是，在过去6年对23家企业所做的深度调研，“研究发现，这些企业的成功来自于更贴近顾客需求的投入，它们把产品和服务做得更深，深入到顾客无法离开；它们把产业链创建得更加融合而具有多利性，以至于每个环节的参与者都愿意开展合作，共同为产品和服务付出；它们的组织更加富有弹性，经得起市场变化带来的震荡并能够寻找机会实现突破；更重要的是，它们能够把组织所处环境中的各种资源集合到价值创造的方向上，凝结成更广泛和更集体的智慧，仿佛拥有了一种强助力推动它们前行，最终实现更高水平的协同发展。正因此，我们把研究的重点聚焦在它们的组织形式上，探求其组织特征的共性”[⊖]，得出“共生”发展路径的结论。

⊖ 陈春花，赵海然. 共生：未来企业组织进化路径［M］. 北京：中信出版集团，2018.

"共生"选择就是让组织形成命运共同体，拥有集合智慧与资源的重要逻辑。在生物学或者自然法则之中，共生是一种普遍存在的现象，它代表的是多种不同生物之间形成的紧密互利关系，物种之间相互依赖，彼此有利。在互联网技术和数字技术的背景下，共生型组织可以实现在不同组织之间的相互合作，组织之间基于协同合作进行信息和资源的共享，通过共同激活、共同促进、共同优化获得组织任何一方都无法单独实现的高水平发展。

基本观点之四：价值网络成员彼此互为主体。

尤瓦尔·赫拉利（Yuval Noah Harari）通过著作《未来简史》[1]（*Homo Deus: A Brief*

[1] 尤瓦尔·赫拉利. 未来简史［M］. 林俊宏，译. 北京：中信出版集团，2017.

History of Tomorrow）为人类认知打开了“未来之窗”。书中指出现实有三种存在范式：客观现实、主观现实和互为主体。“智人统治世界，是因为只有智人能编织出互为主体的意义之网”，所以企业要有构建和融入价值网络的能力。

要激发价值网络中各主体的创造力，就需要整个价值网络中的成员互为主体。只有互为主体才能形成资源共通、价值共创、利润共享的格局，并实现单个个体不能实现的协同价值创造。所以，企业对于自己的第一个要求是，把周边所有的伙伴看成是主体而非客体。比如说组织和供应商的关系，只要说“供应”这个概念，组织就已经是主体了，因为对方供应给你，你决定它能不能有机会供应，这已经是主客体关系。所以想要获得价值网络的有效价值，第一个难题就在于能不能真让价值网中各成员是互为主体的关系，而不是主客体关系。

基本原理

以上四个基本观点帮助我们确认本书的核心基本假设，同时我们选择了北京致远互联软件股份有限公司（以下简称致远互联）做深度研究，找到对八个概念关系的理解，这八个概念分别是：组织效率、分工、组织边界、契约、信任、强链接、共生和赋能人。在深入理解八个概念的本质关联的基础上，我们寻找到组织管理新旧逻辑转换的基本假设，具体用基本原理的方式来表达。

基本原理一：组织内和组织间协同成为效率的重要来源，系统整合效率将更加依赖

组织效率

分工

组织边界

契约

信任

强链接

共生和赋能人

组织内和组织间的协同来实现。

我们强调协作，绝不是抛弃“分”、忽略“分”的重要价值，而是在“分”的基础上强调协同。首先，我们要认识到，必须有分工，分工是报酬递增得以实现的基本组成部分。其次，我们也必须了解到，**分工对于价值贡献的递增曲线日趋缓慢，价值贡献的关键点在于协同效率，既包括企业内部门之间的协同，也包括企业外组织间的协同。**

基本原理二：内外分享机制的确立是边界重塑的保障。在跨界颠覆挑战下，管理者要在确保边界柔性、可渗透的前提下，凭借技术穿透构建企业内外部资源流动与分享的协同机制。

在20世纪，企业成功的关键是规模、角色清晰、专门化和控制，且企业外部边界越大，企业规模经济优势越明显，效益也就越好。而在21世纪，企业是否成功取决于速度、柔性化、整合和创新，具有灵活性和弹性的组织能更好地存活，支撑企业成功的传统因素在悄然发生变化。企业边界的柔性和模糊，是今天企业成功的一个边界特征，而企业能否获得不断重塑边界之能力，取决于能否在企业内外部构建资源流动与分享的协同机制。

基本原理三：企业要建立基于契约的信任体系。赋能组织成员的关键在于，通过结构设计和激励体系相结合，在高度联接的网络中建立基于契约的信任感。

福山（Francis Fukuyama）的一本书——《信任：社会美德与创造经济繁荣》（*Trust: The Social Virtues and the Creation of Prosperity*）让我们能更加深刻地了解信任对于经济发展的

重要性。书中写道，“华人家庭提供开创新商业所需要的社会资本，但它同时制造了对于这些企业最重要的结构性限制，这一限制令它们无法演化成可持续的大型企业。”[一]这个分析帮助我们了解到，华人家族型企业的小规模，原因在于“华人非常倾向于信任与自己有关系的人，反之，也同样非常不信任自己家族和亲属群体之外的人。”[二]“在家庭之外的信任匮乏，致使不相关的人很难组建群体或者组织，例如商业企业。”美国则不同，“美国家族企业会迅速引入职业经理人，尤其是在公司创始人过世后，当发展到第三代的时候，公司往往已经完全移交给职业经理人去打理。孙辈或许依旧

㊀ 弗朗西斯·福山. 信任：社会美德与创造经济繁荣［M］. 桂林：广西师范大学出版社，2016.

㊁ 同上。

作为大股东持有公司的股份，但是他们中很少有人会积极地参与公司的管理。”[㊀]美国能够获得经济繁荣的基础正是源于建立了广泛的信任。

我们必须时刻认识到，虽然经济契约与利益是协同合作的基础，但究其根源在高度互联的网络关系中，人们选择合作是因为相互信任。

基本原理四：实现从“竞争逻辑”到“共生逻辑”的战略认知转变。企业通过挖掘自身价值贡献的不可替代，构建或加入“合作主体的共生系统”，在“共生空间”中协同发展。

㊀ 弗朗西斯·福山. 信任：社会美德与创造经济繁荣［M］. 桂林：广西师范大学出版社，2016.

在数字化背景下，企业战略实现了由“竞争”向“共生”逻辑的转变。**竞争逻辑围绕的是比较优势（比别人做得好），共生逻辑围绕的是客户价值（共同做好）；竞争逻辑围绕的是满足需求（已有需求），共生逻辑围绕的是创造需求（新需求）。**[㊀]因此，“共生逻辑”才是回归顾客价值、创造和唤醒顾客新需求的商业底层逻辑。

观察到的现实

被誉为“数字经济之父”的唐·泰普斯科特（Don Tapscott）与安东尼·威廉姆斯（Anthony D. Williams）所著的《维基经济学》，其目的就是要揭示“大规模协作如何改

㊀ 陈春花，廖建文. 打造数字战略的认知框架［J］. 哈佛商业评论，2018（7）：119-123.

变一切”。

维基百科是一个网络百科全书，并于2018年入围世界品牌500强。维基百科最让人不可思议的地方是，只有5名需要工资的员工，而大部分工作由志愿者执行。《自然》杂志对维基百科和《不列颠百科全书》进行了42个科学条目的对比，发现区别竟然是微不足道的。维基百科上每篇文章上平均被编辑20多次，近乎达尔文的进化过程，从而维基百科具备了别样的优势，即维基百科可以轻松捕捉错误并纠正，而《不列颠百科全书》的错误依然存在。对于其可靠性的争论，我们在此暂不做深入判断，但这种方式带来了一种新的思考，如何向外获得系统效率，在这方面维基百科无疑是做得很好的。

华为公司公布了2018年的财报，其中销

售收入达到 7212 亿元人民币，[一]这标志着华为正式进入千亿美元俱乐部。更让我们对华为年报所披露的数字感到惊喜的是，它的消费者业务达到 48.4%，这意味着华为已经有能力进入终端业务并让自己的业务结构更加稳定，具有抗风险的能力。

在这份年报中，我们看到华为将“网络安全和用户隐私保护作为最高纲领，华为倡导并践行在创新中构筑安全，在合作中增进安全，共建可信的数字世界。”[二]这就是华为基于契约信任所取得的成就。无论是组织内部员工还是组织外部合作伙伴，以及客户，都形成一个基于契约的信任体系。华为与逾 18 万员工形成

㊀ 华为 2018 年年报［R］. 华为官网. https://www.huawei.com/cn/press-events/annual-report/2018.

㊁ 同上。

共赢模式，华为2018年年报有这样一句话，华为百分之百员工拥有。华为坚持为客户创造价值，推动无处不在的联接，和全球182家运营商开展5G测试，全场景智慧生态与150多家厂商合作，覆盖700多个城市，211家世界500强企业和48家世界100强企业选择了华为作为数字化转型的合作伙伴。这一系列数字，可以说明华为的价值创造以及获得价值绩效的真正驱动因素。

世界上只有两种企业：一种是适应时代趋势而长足发展的企业，另一种则是在时代洪流中被无情颠覆的企业。数字化时代最大的挑战是，企业要具有与不确定性共舞的能力，这就需要企业抓住由“分”到“合”的价值创造转换的本质规律，开放组织边界从“竞争逻辑”向“共生逻辑”的转换，既要确保自身能与其他利益相关者探寻到适当的“共生空间”，又要企业在其中具有不可替代性的能力。其根本的核心就是：真正具有“协同”能力的企业，才能获得足够的“系统效率”，才可以避免在新技术浪潮中被颠覆的命运。

第二章

效率及其认知

世界上只有两种物质：高效率和低效率；
世界上只有两种人：高效率的人和低效率的人。

——萧伯纳（George Bernard Shaw）

管理从根本意义上是解决效率的问题，所以，当我们决定去理解大系统效率来源于协同的时候，我们还是决定从梳理如何认知效率入手，去理解协同的价值贡献，同时也回答下面两个问题：第一，过去百年是如何有效释放组织效率的？第二，组织管理效率的新来源是什么？回答这两个问题，对于现阶段管理效率的释放，以及组织未来的可持续发展都至关重要。

分工与劳动效率最大化

效率到底与什么相关呢？讨论这个话题，

一定会从泰勒开始，泰勒在1911年《科学管理原理》中就已经给出了答案。劳动生产效率问题是《科学管理原理》解决的中心问题，解决之道就是科学的分工，即泰勒提出的四条科学管理原理：找出科学的方法以避免经验方法的低效，科学地挑选工人并通过教育帮助其成为人才，设法与员工密切合作以确保科学方法得以实施，管理者和员工双方应各负其责。[㊀]

科学管理倡导用“精神革命”的方式，将标准化、科学化引入管理，并认为这是实施的核心和实质。“精神革命”需要劳资双方共同推进，共同贡献于“劳动生产率的提升”。只有劳动生产率提升了，雇主才能降低成本，工

㊀ 陈春花. 泰勒与劳动生产效率：写在《科学管理原理》百年诞辰［J］. 管理世界，2011（7）：164-168.

人才能获得高工资，双方才能同时获益。其实质就是倡导，“共同把蛋糕做大”，雇主和雇员应该把对利润分配的关注，转移到增加总体利润的视角上来。

我们来看看海尔的实践。海尔之所以能够在竞争白热化的家电行业中冲出来并参与国际分工，与其自身劳动效率有非常大的关系。海尔的基本理念就是行动，将分工明确落实到每个人，并针对每个人提出具体要求。在海尔有一个著名的管理理念——“日事日毕，日清日高”，这就是被业界普遍称颂的“海尔管理之剑”。由于管理最后必须转换到行动和指令上，所以海尔转化出一个管理模式，叫作 OEC 管理模式（overall every control and clear）。

这个管理模式的要求是，“全方位地对每个人每天所做的每件事进行控制和清理，每天的工作每天完成，而每天的工作质量都有一点（1%）提高。”这套管理模式是在海尔“日事日毕，日清日高”管理口号下开发出来的。它使得海尔劳动效率达到非常高的水平。

《摩登时代》（*Modern Times*）和《儿女一箩筐》（*Cheaper by the Dozen*）是反映科学管理影响力的两大经典喜剧电影。前者是卓别林（Charles Chaplin）在工业时代的效率革命下，对福特主义滥用的无声控诉；后者是对极度热衷效率的吉尔布雷斯夫妇的嘲讽。

有两个让人印象深刻的情节分别是，《摩登时代》中卓别林所扮演的角色即拧螺丝帽的产业工人，看到任何六边形的东西都要拧，甚至眼睛和鼻子都要拧……《儿女一箩筐》中，吉尔布雷斯夫妇出差回家，孩子们冲向自己怀抱所用的时间，都会用秒表来记录……

科学管理在一定程度上将人视为“活的机器”，管理需要面对接下来的挑战：如何在避免人成为机器的前提下，获得高效率？

分权与组织效率最大化

思考如何在降低对人伤害的同时获得更高的效率这一问题，引领管理研究进入下一阶段——行政组织管理阶段。这个时期有两个代表人物，马克斯·韦伯和亨利·法约尔。

韦伯清晰地提出“权力赋予职位而非个人”，这无疑对19世纪官僚制盛行，且个人权威至上为导向的欧洲社会带来巨大的冲击，形成由经验管理到现代管理的“分水岭”。理解韦伯，应该理解他对于组织管理的原则的约定：权力属于组织而非个人。组织管理的核心就是让权力从个人的身上回归到职位上，也就是组织本身上，只有在这种情况下才会得到管理效率。

法约尔在《工业管理与一般管理》中提出管理要素和14条管理原则，启发我们认识到“组织效率最大化的手段是专业化水平与等级制度（分权）的结合”。组织要想获得高效率，第一，需要具备很强的专业能力；第二，依据责任把权力分配下去。只有两者相结合，组织效率才能达到最高。

我们来看看美的的实践，如果说海尔凭借的是较高的劳动效率率先在中国家电企业中突破千亿，美的则是以组织效率紧随其后突破千亿。美的拥有一个非常强大的职业经理人队伍，所以美的产品能从风扇、电饭煲，延伸到空调、微波炉、热水器等，一路延伸到今天的智能化与数字化产品。美的之所以能够拥有强大的经理人队伍，是因为这支队伍有两个很特殊的地方，一个是职业意识非常强，另一个就是高绩效。

何享健在评价自己的管理团队时指出，最重要的是**“集权有道，分权有序，授权有章，用权有度”**。也正是这一套组织制度使得企业快速有效地发展，一路助推美的成为全球白电领域的领先者。

分利与人的效率最大化

有关人的效率如何获得的问题，其实早在泰勒分工理论出现之后，就已展开研究，而我们把这个话题归入第三阶段，是以人力资源管理理论被确认来界定的。

1927 年，美国管理学家梅奥应邀参与霍桑实验，实验历时 9 年并经历了两个阶段。在霍桑实验的基础上，梅奥于1933年出版了《工业文明的人类问题》（*The Human Problems of an Industrial Civilization*）一书，正式创立了人际关系学说，第一次涉及了影响员工生产积极性的社会与心理方面的因素，探讨了人际关系因素在生产与管理中的作用。

梅奥深刻地认识到人与组织的密切关系，强调人存在于组织环境中，而不是社会中。梅奥通过霍桑实验发现人际关系中的关键活动是激励人，我们对于这个观点尤为认同。常常有人问我们什么样的管理是做得好的管理，梅奥已经给过答案：透过集体既能满足个人需求，又能实现组织目标。

让个人发挥效率，组织需要做四件事：为组织成员创造机会，建立良好的组织环境，满足人的需求，挖掘人的潜能，在此基础上，

个人效率才会被发挥出来。当企业发展到一定阶段的时候，管理必须要解决人的效率，所以德鲁克才说，在整个管理过程中，人是最积极、最活跃、最能够创造价值的资源，只有将人的效率发挥出来，管理的效率才得以实现。

华为在人的效率方面的实践尤其值得借鉴。华为工资高从来就不是什么秘密，根据华为年报，2017年工资薪酬费用1068.51亿元，按照17万员工算，人均年薪（含福利）62.8万元。2019年春节前，任正非在华为内部心声社区发了007号总裁电邮，说“据2018年全年财报初估，华为18万员工，人均年收入可达110万元”。

我们再来看看华为的效率，单以财务人员来看，98个国家和746个账户实现互联互通，支付指令可以在2分钟内传递到全球任何一个开户行，付款准确率远高于银行；在全球实施的 RFID 物联资产管理方案，目前已经覆盖 52 个国家、2382 个场地、14 万件固定资产，每 5 分钟自动上报一次位置信息，每年更新一次固定资产的使用负荷（或者闲置）情况。[㊀]这些数字也许能够帮助我们去理解华为的人均高收入与人均高产出之间的正相关关系。

上述三个阶段，解决的都是企业内部的效率问题，我们也知道今天还必须解决企业如何获得外部效率的问题，即系统效率的问题，我们称之为第四个阶段。

协同与系统效率最大化

最近七年我们一直在深度观察中国企业，发现自 2012 年互联网技术成为基本推动力量

㊀ “中国会计视野”公众微信号，2019-05-04.

以来，开放边界、共生成长成为领先企业的核心特征。这些核心特征以及前文所分析得到的基本观点和基本假设，特别是现实的观察，让我们确认，协同成为系统整合效率的关键。

价值创造和价值获取的底层逻辑变化，使得行业颠覆的速度和顾客需求的变化急剧增加，任何单一的企业都无法单独应对。因为要成功应对两种底层逻辑的变化，必须凭借“大系统效率”。正如华为创始人任正非所言，**“一个人不管如何努力，永远也赶不上时代的步伐，更何况知识爆炸的时代。只有组织起数十人、数百人、数千人一同奋斗，你站在这上面，才摸得到时代的脚。”**㊀

传统的经营观念认为，企业是创造价值的

㊀ 孙继滨. 卓有成效：管理者的职业习惯［M］. 北京：清华大学出版社，2015.

主体，可以自主决定其提供的产品或服务的市场价格。销售是链接企业和顾客关系的桥梁，通过销售过程，顾客获得企业提供的产品或服务。在这种观念下，顾客和企业是被分开的，企业的价值创造是在封闭的体系中完成的，其价值创造的过程是和市场相互隔离的。

而新时代的经营假设发生的根本变化是，**价值再也不由企业单独创造，而是由顾客和企业共同参与创造。顾客更加关注自身的体验，更加关注消费过程的价值创造，而不仅仅关注拥有的产品或是服务本身。在这种新的观念下，顾客和企业是联系在一起的，整个价值链都是一个强链接的关系，全过程价值创造决定了价值链成员必须是共生协同的关系。**

近年来，组织间的发展模式由单向、僵化的供应链管理，向灵活、动态的价值网络协同模式转变，构建柔性价值网成为共识。一旦消费者的新需求出现，就会形成一个新的价值网，价值网中的个体或是企业，会以订单为中心，快速聚合和协同工作。数据的交换和共享极大地提升了消费者和企业之间的效率，一旦任务结束，“柔性共同体”自动解散。我们今天所看到的优秀企业无一例外都能很好地整合外部资源，直接面向顾客创造更好的体验，甚至与顾客协同创造价值。

青岛海尔凭借“协同优势”，为中国家电最大一笔海外并购交了一份让股东满意的答卷。海尔以 55.8 亿美元兼并通用电气家电业务（GEA），其“协同效益”在 2016 年 6 月交割当月月底就已呈现，GEA 为青岛海尔贡献的销售收入和利润分别为 34.6 亿元和 1.03 亿元。

实际操盘的青岛海尔董事长梁海山，遵

循的就是“协同逻辑”。他强调虽然“研发协同”一直是海尔海外并购战略需要整合的优势资源，但最看中的是用户资源获取的“协同效应”，这是在收购伊始就能感知到的市场表现。这种品牌联盟的形式将会在美国呈现出“协同增值”，GEA 几乎实现 B2B、B2C 全方位覆盖，并垄断着美国家电渠道覆盖的建筑和装修市场。海尔“牵手”GE 将会使得海尔产生覆盖全球的网络，完美补充其在渠道和产品上的不足。同时海尔可以凭借 GEA 获得美国销售网络，实现“Haier”“GE”“FPA”三品牌的系统整合，提升海尔整体海外市场形象。[⊖]

⊖ 中外管理. 操盘人揭秘：海尔整合 GE 家电的理念、策略及如何落地［EB/OL］.［2019-06-05］. 新浪财经. https://cj.sina.com.cn/article/detail/1790671321/ 94369?cre=financepagepc&mod=f&loc=1&r=9&doct=0&rfunc=100.

实践总是给我们以帮助和启发，通过今天这些优秀企业的实践，回归到我们所做出的四个基本原理的判断，这一切都在持续印证我们所关注的协同效应，即系统整合效率最大化的来源。**为了获得协同效用，需要重构企业边界，建立基于契约的信任，构建组织内外的协同模式，打造协同价值取向，并形成有效的管理层协同管理行为。**下面我们分别在各章之中展开相关内容。

02

第二部分

协同管理的关键构成要素

去发现一种能够容纳混乱的形式，这是艺术家的任务。

——萨缪尔·贝克特

（Samuel Beckett）

第三章

企业边界

失败者建立的是有围墙的花园，而成功者建立的是公共的场所。

——唐·泰普斯科特（Don Tapscott）

《维基经济学》

詹姆斯·卡斯（James P. Carse）在《有限与无限的游戏》（*Finite and Infinite Games*）中指出，“只有意识到边界不过是我们的视域，边界才能被打破，我们所凝视的，是有限的，必定不能打破边界。”[㊀]他向我们展示了世界上两种类型的“游戏”——“有限的游戏”和“无限的游戏”。“有限的游戏，其目的在于赢得胜利；无限的游戏，却旨在让游戏永远进行下去。有限的游戏在边界内玩，无限的游戏玩

㊀ 詹姆斯·卡斯. 有限与无限的游戏［M］. 马小悟，余倩，译. 北京：电子工业出版社，2013.

的就是边界。有限的游戏具有一个确定的开始和结束，拥有特定的赢家，规则的存在就是为了保证游戏会结束。无限的游戏既没有确定的开始和结束，也没有赢家，它的目的在于将更多的人带到游戏本身中来，从而延续游戏。”㊀

《失控》（*Out of Control*）的作者凯文·凯利（Kevin Kelly）感叹道，“《有限与无限的游戏》改变了我们对生活、宇宙和其他一切事情的看法。两种游戏的不同，解除了我们下一步该做什么的犹豫。很简单：总是选择无限的游戏。”㊁

无论是行业的边界，还是企业的边界、组织的边界，在互联网时代和数字化背景下，其

㊀ 詹姆斯·卡斯. 有限与无限的游戏［M］. 马小悟，余倩，译. 北京：电子工业出版社，2013.

㊁ 凯文·凯利. 失控［M］. 张行舟，译. 北京：电子工业出版社，2018.

实都被打破了。今天的阿里巴巴、腾讯、IBM等企业最核心的是什么？就是不断打破边界构建一个广泛连接的生态结构，让更多的成员在这个结构里生长起来，也就是跟很多成员协同，帮助这些企业领先于其他企业。换句话说，形成协同效应的第一步，就是重构企业边界。

企业边界的本质

企业边界（enterprise boundary）是一个非常重要的组织特征和管理概念。企业边界的决定因素是经营效率，是企业在与市场的互动过程中，形成的经营范围和规模所决定的。企业的经营范围是纵向边界，确定了企业的市场边界，即企业在资源配置上哪些是自身的经营活动，哪些是通过市场手段完成的；经营规模

是企业的横向边界，即在经营范围既定的基础上，企业是以多大规模进行生产经营的。[⊖]

科斯从交易成本的视角帮助我们理解企业的边界，企业的存在其实是一种内外成本的比较：当企业内部成本高于市场交易成本时，企业边界（规模）就会缩小或是消失，也就是市场替代企业；反之，当企业内部成本低于市场交易成本时，企业得以存在或是扩大，企业替代市场。

最近一段时间，我们常常被问到“企业的边界到底在哪里”。我们的回答很明确，企业的边界因顾客而存在，所以**顾客在哪里，企业的边界就在哪里**。

⊖ 企业边界［EB/OL］.［2019-05-05］. 百度百科. https://baike.baidu.com/item/% E4%BC%81% E4%B8%9A%E8%BE%B9%E7%95%8C.

顾客在哪里，

企业的边界就在哪里。

在一次关于无边界组织的讨论中，主持人问："去中心化、去权威化的无边界组织的趋势应该是必然趋势。实际上，也有关于这种组织形态的各种概念，如事业合伙人制、阿米巴、合弄制、云组织……甚至有企业提出'人人都是 CEO'。那么，无边界组织究竟会具体以什么样的形式存在？"其实我们认为，人们对无边界组织存在一定的认知误区，将"无边界组织"理解为"无边界管理"也许会更深入一些。

组织本身的定义决定了它的属性，关于组织用巴纳德的定义比较容易理解，他说："当两个或两个以上的个人进行合作，即系统协调彼此间的行为时，在我们看来就形成了组织。"因而，组织的边界不是形式上的，而是实质上的，那就是"系统协调彼此的行为"。

无论企业采用什么样的组织形式，协调行动达成组织目标是根本的属性，所以我们更倾向于“无边界管理”而不是“无边界组织”。因为如果要协调彼此的行为，就需要各自承担各自的职责，各自完成各自的任务，每个人都需要为组织目标做出贡献。即使是无边界组织，组织的运行也需要处于一种稳定状态，维持一定的秩序。无边界组织并不全盘否定现有的管理制度、企业控制手段，只是不让这些管理制度、控制手段僵化地运行。

生产边界与组织边界延展

作为“核心竞争力”理论的创始人之一，普拉哈拉德曾经指出，企业竞争能力的来源在2000年之后会发生变化，**原来竞争能力来源于企业内部资源，未来的竞争力是由顾客决**

定的。企业竞争力来源的转变，使得管理者一定要转变对于顾客和市场的认知，从内部资源视角转向外部顾客视角。就是因为企业竞争力来源的变化，才使得组织边界和生产边界得以延展。

传统认知的一个误区是，顾客是产品的被动接受者。因此企业每一次推出新产品，销售人员就不得不去寻找顾客，形成的结果是企业不了解顾客真正的需求和偏好，顾客对企业生产的产品并不满意，进而形成企业产品堆积的恶性循环。其实打破这种恶性循环的方式就是，**将顾客融入企业价值创造的各个环节中，从创意产生、产品设计、产品制造、渠道选择、产品交付到服务实现，都要和顾客紧密联系在一起。**

所以，有效管理的第一个问题是，哪里是

组织的最优外部边界?

我们在十多年前的《企业边界管理》一文中就对这个问题进行了深入探索，用古典微观经济学的 *IS—LM* 曲线分析方法，得出一个结论：**“企业生产可能性边界和组织可能性边界的交点就是企业的最优外部边界。”**简而言之，就是做企业“适合”和“力所能及”的事。[㊀]

我们对企业的功能、组织、生产、契约、产权等进行分析，发现这些要素可以分为两大类：生产性要素和组织性要素。生产性要素明确了企业核心能力大小、生产范围、上下游产品等，可以界定企业的生产可能性边界（可以生产什么、生产的能力、生产的异质性等）；

㊀ 陈春花. 企业边界管理[J]. 商界（中国商业评论），2007（2）：39-41.

组织性要素明确了管理成本、产权分配、契约的完整性等，决定了企业的组织可能性边界（可以拥有多大的机构、采取什么样的组织方式等）。生产性要素和组织性要素的交点为最优外部边界。

如果企业边际生产收益和边际组织收益均比较大，企业为追求更大的收益，有极强的欲望扩张企业的外部边界。比较典型的代表是处于高速成长的新兴企业，它们一方面不断地进行兼并，进行横向一体化；另一方面大量收购上下游企业，进行纵向一体化。阿里巴巴就是这样一家企业，最初创立的时候，阿里巴巴仅仅是一家提供中小企业交易服务的企业，但是经过一系列的拓展和并购，今天的阿里巴巴已经横跨电商业务、金融、物流以及云计算等多个领域，成为全球十大市值公司之一。

如果企业的边界组织收益较大，而边界生产收益较低，这样企业出于理性考虑会将一部分生产剥离出去，部分产品采取外购的形式，企业保持核心能力使生产更加专业化，企业生产规模相对变小。耐克公司是这方面的典型例子，耐克公司将 97% 的制造业务外包，从这方面看它的生产可能性边界很小，但是耐克具有非常优秀的研发水平、品牌管理能力和资金运作能力，从这方面讲耐克可以将自己的组织可能性边界进行很大程度的扩展。

如果企业的边际组织收益和边际生产收益都比较低，则企业处于非常不利的位置。企业常见的做法有大幅裁员和资产剥离。2004 年 IBM 公司 PC 业务连续 3 年亏损，亏损额高达 80 亿美元，PC 业务的亏损严重阻碍了公司的专业服务、软件等其他有利可图的业务的发展，1900 名从事 PC 业务的员工也成了 IBM 沉重的负担。同年，IBM 决定将 PC 业务卖给联想。2005 年第三季度，IBM 公司的利润超过了金融分析师的预期，而盈利的主要原因之一，正是剥离了长期困扰 IBM 的 PC 业务。

企业的边际生产收益大而边际组织收益小，则意味着企业的经营管理不善，机构设置不当，管理冗余。企业可能进行重组，重新设置组织架构，精简管理人员，去除管理冗余，或者进行合并。以前，中国民航政企不分，冗员严重，效率低下，给民航企业带来了巨大的组织成本，这一直是影响民航发展的重要原因。2001 年 11 月，国务院办公厅发文，宣布由国家计委[1]牵头进行中国民航的重组。2002

[1] 国家计委，即中华人民共和国国家计划委员会，现名：国家发展和改革委员会。

年 10 月，中国民航完成了重组，由众多分割的诸侯形成了南方航空等六大中国航空集团。

企业的边界管理

很多人都会认为，企业可以依照自己的资源和发展路径，来决定企业自身的成长空间。但事实是，如果我们需要得到企业发展的有效空间，确保在成长过程中所做的选择是有效的，那就需要知道如何进行企业边界管理。

一个人从外行到专家要经过五个渐进的阶段：业余人员、学徒、熟练工、能手、出类拔萃者。类似地，企业对企业边界的管理能力也是由五个阶段组成的：尝试、重复、定义、管理、成熟。

尝试阶段的特征是缺少任何关于边界管理的知识，采用典型的试错法来实施管理，企业多方合作完成的时间和成本都无法预测。在这一阶段，合作过程带有极大的尝试性，因此，这一阶段企业主要关心的是合作是否可行。

重复阶段的特征是基于以往积累的管理经验来实施新的管理。为了抓住市场机会，时间是首先要考虑的因素。该阶段中，由于合作在可行性上已经有了一定程度的保证，成员企业关注的焦点转移到时间这一关系到市场机会能否捕捉到的关键因素上。

定义阶段的特征是开始用文件的手段来认识正式的边界管理过程。当文件建立以后，潜在的成功合作伙伴的范围就大大拓宽了，即成员企业获得合作成功的可能性增加了。企业开始把关注的焦点转移到如何降低成本、获取收益上，以便合作后实现的合作效益更大。

管理阶段的特征是按界定的责任管理，管理建立在不断变化的知识的基础上。当合作时间和成本都可以接受之后，成员企业的边界管理重点就转向合作的可预测性和一致性上了，即合作过程的质量上。

成熟阶段的特征是成员企业对适应性有了更深入的理解。这一阶段应重视应用范围的拓展，只有这样才能够获得更大的竞争优势。所以，在成熟阶段，其主要指标是适应范围。

边界融合与边界模糊

今天的企业与互联时代之前的企业，最大的不同就是需要具有弹性。组织需要不断调整自己，不断寻找与变化共舞的机会，甚至需要具备超越变化的能力；通过建立组织壁垒的方式很难再获得成功，组织更需要形成开放与合作的结构，令外界更容易被纳入。这就需要我们对于组织边界管理重新进行如下三点认知：

首先，企业边界管理要理解企业外部边界的清晰性——模糊性维度。

其次，需要了解企业外部边界的稳定性——动态可变性维度。

最后，需要了解企业外部边界的不可渗透性——可渗透性维度。

如果观察企业实践，不难发现，企业中许多最有价值的改善机会不是来自于改进企业的职能，而是来自于更好地衔接贯通整个企业为顾客服务的各项活动。**只要把注意力集中于向顾客传送价值的各项活动，企业就会具有增长的能力而处于领先的地位。**

边界融合加速企业转型

任何一家大型企业的业务转型都很难，

只要把注意力集中于

向顾客传送价值的各项活动，

企业就会具有增长的能力

而处于领先的地位。

但打开边界就可能加速变革。陈春花在新希望六和的时间不长，只有三年，但因为坚持引领企业践行关于跨界和协作的理念，在2013～2016年，实现了一家大型农业企业的转型。在这个过程中，陈春花最深刻的感受就是，管理层不能再用传统的农业逻辑来理解农业。继续深入到这个行业后，陈春花发现，农业产业因为互联网技术不得不面对行业再造的问题。传统的农业逻辑核心要素是：农村、农民、土地、种子、养殖和种植的环境。现在的农业核心要素变为：金融、数据、信息。金融为纽带，数据为支撑，实现信息闭环；用农业大数据、农村金融以及农业物联网，把农业产业的全过程进行了再造。这一切与传统农业的运营逻辑完全不一样，整个农业产业链从种子开始一直到消费者端，全过程都被改造了。

新希望六和早在2013年就制定了“新希望六和+”的策略，选择打开组织平台，无论是内部还是外部，都可以嫁接新的组织能力，从而帮助企业获得新的发展机会。在产业链上游，他们与生物基因科技公司、原材料供应商进行合作。在内部，公司实行产销分离，设立创新平台，打造针对养殖户的技术、金融服务能力。在终端，他们与电商平台、终端食品品牌合作。这些新能力的获得都建立在合作的基础上，同时他们也向全行业开放。这一切行动有效地帮助了新希望六和从生产商向以用户为导向的农牧业服务商转型。

边界融合带来协同效应

对于组织的边界来讲，可能有一个挑战：能不能够组合更多的资源、更多的能力、更多的优秀人才，去面对和应对不确定性。所以，不管在技术复杂程度和顾客需求程度之间选择什么样的组合，**今天对很多企业而言，内部“部门墙”是一定要打破的，外部的边界也要打破，需要组合新的能力进来，应对未来的变化。**

在组织边界融合上要做的事情，我们特别强调三点：

一是企业需要打破现有组织结构，这一点非常关键，如果不能把现有的组织结构打破，就很难谈组织边界融合这件事情。例如，如果没有海尔五次自杀式组织结构重构，就不会有今天海尔的成长性。

二是构建一个共生系统，我们称之为合作主体的共生系统，这是挑战更大的一个部分，其中最大难度在于所有成员彼此之间互为主体。海尔的“人单合一”模式之所以成为学术界和实践界关注的对象，在一定程度上是因为其解决了如何构建共生系统的问题。

三是领导者的新角色，传统的领导者角色为决策角色、人际角色和信息角色，新的领导者角色为布道者、设计者和伙伴。今天需要领导者成为布道者，让大家在价值观上保持一致，在不确定环境中找到确定的方向；需要领导者能够把梦想设计到产品和组织之中。更重要的是，需要与团队成员建立伙伴关系，这里的挑战就是领导者自己要能够成为被管理者。

边界模糊有利于打破壁垒

传统的组织结构中，各部门之间的界限都清晰可见，人们总能将责任明确地区分开来，也因此造成“这事不归我们管”的困境，制约了组织的效率和创造性。同时，随着互联网技术的广泛普及，企业的交易边界呈现出可变性和柔性化的特征；企业内的部门之间以及企业外的企业之间、产业之间、地区之间，甚至国家之间的壁垒，随着信息的交流与共享而被打破。企业越来越关心内外部资源的协同与整合效应，在将内部活动外包出去的同时，也将外部的活动纳入自身运作体系中来。即呈现出来两种边界模糊化的方式，一种是内部活动市场化，另一种是外部交易企业化。

对于现在的企业而言，需要拥有一种能力，链接上下游的合作伙伴，链接相关产业的合作伙伴，还需要和其他产业、资本、顾客组合在一个共同生长的网络中，这由“共生逻辑”统和而成。

从QQ到微信，腾讯似乎已取代传统电信运营商，成为中国人互动与链接最重要的载体之一。与此同时，在移动支付、线上娱乐、生活服务、在线旅游和交通出行等领域，消费者也会感受到腾讯的存在。你几乎无法界定腾讯属于哪一个行业，也很难知道腾讯的对手是谁。

无印良品是一家受人关注的企业，随着它的产品范围的扩展，人们已经无法简单地界定这家企业的行业属性。2005年进入中国市场的无印良品，直到2016年，中国消费者对其的认知还是一家服装公司，其服装业务的销售额占总销售额的50%以上。但在2015年，无印良品对书籍和主题产品进行匹配；2016年6月，无印良品全球第一家餐厅在上海营业；同年11月，无印良品把自己的业务拓展到整家住宅领域，推出无印良品小屋；2018 年 1 月，全球首家无印良品酒店“MUJI HOTEL”在深圳正式开业，实现了“店铺 + 酒店 + 餐饮”的完美结合。

然而，无论无印良品做什么样的改变和突破，都是以无印良品的商品为中心，基于核心品牌进行打造。无印良品通过跨领域的价值融合，把自己的竞争力持续地扩展到相互不链接的领域，打造了全产业的开发。我们很难预测，无印良品下一步将进入哪个领域。但是，不变的是它组合不同的合作者，高品质地提供一站式服务，满足消费者的生活需求。

跨界重构

经常有人会问我们，什么样的企业一定要跨界？从企业与市场的关系上来讲，推动企业进步的维度主要有两个：一个维度是顾客，顾客的需求在不断延伸的时候，对企业的要求在变；另一个维度是技术，技术创新与技术创新普及的速度加快，因此对企业的要求也在变。

当顾客需求比较清晰，技术变化没有那么复杂的时候，这个企业还不需要跨界，只要专注于自己的产品，做好即可。在如此多跨界的企业中，可以看到很多不跨界的企业，比如 7-Eleven，一直做零售，专注于把便利店做好。

如果顾客的需求在提升，甚至需要创造顾客需求，技术的复杂程度也在持续变化，企业仅仅提供产品已经无法满足市场的变化要求，此时企业需要延展到价值链或者价值网中，也就是需要展开跨界融合发展的模式了。

比如，腾讯、阿里、小米都是依靠技术创新驱动与顾客价值创新融合，进入市场并获得成功的。

假设你的企业无法融合这两个驱动的力量，那就不去考虑跨界的问题，反而更应该去做产品深度开发，把产品做到极致。

跨界为何伴随颠覆

颠覆在大部分情况下都不是从内部产生的，其根本原因在于，企业内部对于固有的优势太过迷恋。如微信的出现，改变了人们的沟通方式，但是中国移动在很多年前就推出飞信，为什么无法做大做好？其原因就是原有的通话业务带来了丰厚的利润和规模，有着绝对的优势。而微信之所以成功，正是因为它没有受到原有优势的影响，而是坚定地创造全新的沟通社交方式，结果脱颖而出，并颠覆了传统的通信行业。

跨界的本质是创新，是通过嫁接其他行业的理念和技术，用新的手段突破原有的行业惯例和常规，实现颠覆性创新。

平台对于边界的结构性变革

平台使得企业边界不再受缚于自身的资源约束。互联网技术与数字化生存背景下，企业战略已经从拥有资源，向调动外部资源转变。世界上最大的两家出租车公司 Uber 和滴滴，没有一辆出租车；世界上最大的民宿网站 Airbnb，没有一处房产；世界上价值最大的电商阿里巴巴，没有一件库存商品；世界上最大的社交网站 Facebook，不拥有自己的内容生产。与上述类似，今天最大的新闻平台今日头条，不拥有任何一条自己生产的新闻，平台的出现使得快速集聚资源、用户，并取得行业领先地位成为可能。

纵观 2001 ～ 2016 年，世界上市值最高的公司排名变迁，让我们感受到了平台的力量。以 2016 年 8 月为转折点，石油企业、工业企业、金融企业、零售企业悄然退出世界前五的行列，取而代之的是苹果、微软、亚马逊、谷歌、Facebook 等互联网平台企业。代表中国企业的腾讯和阿里巴巴两家基础性的平台型公司，以突破 4000 亿美元的市值进入世界前十，因而在世界范围内掀起了一场平台革命，**具体根源是平台构建的“网状价值链”，替代传统模式的“线性价值链”。**

平台是互联网经济和实体经济进行融合的发展新引擎。平台的建构不仅使得原有的产业边界重塑，而且击败了任何一种产品，使得创新方式和耦合途径发生了翻天覆地的变化，进而迎来从技术创新到协同管理创新的新时代。

跨界冲击萌发机遇

跨界冲击对很多企业而言，增加了更多发展的可能性。海尔就是成功运用互联网时代规律，以“人单合一”双赢模式的管理创新，支撑其实现跨界融合和互联网转型的。用张瑞敏自己的话说，海尔致力于“在企业内部打造一个全新的创业生态系统，每个创业的员工就好像是一棵树，很多很多树就变成了森林。这个森林里头，可能今天有生的，明天有死的，但总体上来看，这个森林永远是生生不息的”[⊖]。

⊖ 张彦伟，贾理君. 海尔自杀式重生能否奏效［J］. 企业管理，2014（9）：50-53.

据统计，海尔自1984年开始已经历了五次大的战略变革，这五次战略变革延续至今，分别实现了名牌战略、多元化战略、国际化战略、全球化品牌战略，以及2012年至今的网络化战略。海尔每次战略变革的主题，都是根据当时所处的时代进行调整的，而且步步占领战略先机。

海尔自2012年至今实施网络化战略，紧紧抓住互联网时代平台化趋势的战略机遇，在一般企业还是以自身为中心的传统型企业时，它却大手笔打造互联网时代的平台型企业，继续探索“人单合一双赢”商业模式。迄今为止，战略实施效果为“企业无边界、管理无领导、供应链无尺度”，完成传统制造业向互联网转型。

海尔内部提出的一个理念叫“外去中间

商、内去隔热墙”。2013 ～ 2014 年两年裁员人数共计 2.6 万，被裁人员大多数为中层，呈现在销售体系上就是，几乎被全盘改为独立自然人的小微公司。[㊀]组织结构更加扁平，减掉不拥抱互联网的中层，让组织具有面向互联网的结构属性。

海尔自主研发了支持大规模个性化定制的工业互联网平台（COSMOPlat），到 2018 年，“该平台已经聚集了 3.3 亿用户、390 万家供应商资源，链接 2600 万台智能终端，为 4.2 万家企业提供数据和增值服务。”“应用海尔 COSMOPlat，房车企业不仅实现了综合采购成本降低 7.3%，交付周期从原来的 35 天缩短

㊀ 海尔掌舵人高调公开两年裁员 2.6 万：瘦身动中层［EB/OL］.［2014-06-19］. 华夏时报. https://finance.sina.com.cn/chanjing/gsnews/20140619/000619453227.shtml.

到20天，而且根据用户需求融入了智慧家庭、智慧安防系统和全车Wi-Fi等，消费者的体验更佳，产品溢价提升63%。”其他跨界融合也都呈现了良好业绩。[一]海尔的“人单合一”模式，为我们认识跨界带来新成长提供了一个真实的案例。

[一] 海尔COSMOPlat取得多方面成果　成大规模定制解决方案平台［EB/OL］.［2019-03-02］. 人民网. http://homea.people.com.cn/n1/2019/0302/c41390-30953696. html.

第四章

基于契约的信任

新经济始于技术，终于信任。

——凯文·凯利

人们如果相互信任，善于合作，那么他们可以轻松地适应新的环境，创造出合适的新组织形式。

——弗朗西斯·福山《信任》

福山在《信任：社会美德与创造经济繁荣》中指出，在任何时代，当社会资源与物质资源同等重要时，只有那些拥有高度信任的社会才能构建稳定、规模巨大的商业组织，才能更加有效地应对全球经济的挑战。

2018 年马云指出："过去 14 年阿里巴巴每天在做的事情，就是建立信任""每天 2400 万笔淘宝的交易，意味着在中国有 2400 万个信任在流转着"。[㊀]社会学家格兰诺维特指出，

㊀ 马云. 马云卸任演讲：阿里巴巴的成功在于信任［EB/OL］.［2013-05-10］. 腾讯科技. http://tech.qq.com/a/20130510/000113.htm.

“如果没有信任的话，当你买了 5 美元的汽油时，你甚至不敢把一张 20 美元的钞票付给加油站的服务员。”信任对经济的发展具有重大促进作用，在万物互联背景下，经济平台化、协同化已成趋势，而分享经济的兴起与发展更离不开信任体系的建立。

组织协同的内核在于信任，而信任培养是一个长期且缓慢的过程。如何获得有效的信任？一个有效的发展路径便是契约设计。例如，给企业经理人提供合适的薪酬契约能增加其按委托人的利益采取一致行动的可能性，给员工提供合适的劳动关系契约可以提高劳动者的积极性等，契约安排也可以提升各主体的信任感，进而带来协同效率的提升。

契约及其构成

在一场关于未来发展的5G技术（第五代移动通信技术）争夺赛中，华为经过20多年的努力，在被称为5G商用元年的2019年，一骑绝尘。华为为什么可以做到将18万知识员工聚集在一起，后发制胜占领5G世界高地？就是因为华为是一家把契约融入文化、制度和体系中的公司。

任正非曾公开表示，华为是华为人的华为，华为百分之百被员工持有。在华为的成长历程中，“以客户为中心，以奋斗者为根本”的核心价值观被写进了《华为基本法》；华为的财富分享与权力分享计划，都是在明确的契约设计中被有效地执行着。设想一下，如果没有华为十几万知识员工的艰苦奋斗，没有完善的契约关系设计，华为无法取得令世界瞩目的成就。

契约的内涵

契约一词广泛出现在社会学、经济学、政治学、法学及管理学等学科中，它的一个基本内容是**各主体之间约定或期待的承诺及协议**，包括精神契约和文字契约。契约的出现让冲突与合作得以有效解决成为现实。国家、市场、企业及家庭等本质上是通过契约缔结的，这也是社会有序运行的基础。无论是国家层面还是个体层面抑或其他层面，契约都是一个需要度量的核心。

科学合理的契约体系设计往往是成功企业所致力追求的。例如，谷歌在组织内分享与交流中有很好的契约设计，很多员工可以在

Google+ 中进行交流，并与任何层级的公司领导人展开直接对话。这一系列契约设计使得谷歌一直具有较好的创新绩效，占据着全球创新大部分的份额，公司也愿意在研发上投入更多资源。[1]可以说，谷歌的持续投入是在契约设计基础上对员工、组织的信任而引发的。

契约的构成

企业和员工之间契约关系有三种构成，我们通常了解的是经济契约，另外还有两种契约，一种是心理契约，另一种是社会契约，只有把三种契约结合起来才会真正形成员工与企业的共赢模式。

经济契约一般是正式合约，是当事各价值

[1] 在 2017 年美国媒体 USA Today 发布的创新榜单中，谷歌排名前十。

主体明确表示认可和同意的法律承诺。各主体通过正式契约来规定相互之间的权利和义务，确定合作的范围以及合作成员的责任和角色分工。

心理契约不是一种有形契约，在心理契约的系列研究中，研究者发现，员工心理契约的主要内容包括培训、工作稳定、薪资福利、公正、信任、安全、协商等。在数字化组织变革的背景下，由于个体价值崛起，个体的独立性与个性化需求逐渐增强，当组织不能履行自己对于员工或是利益相关者的承诺，则会导致违背心理契约的情况发生。一旦心理契约违背，会伤害员工的情感，进而影响组织的发展。

对于企业主体来讲，企业需要遵守有利于人类自然发展的最基本的社会准则，需要同时关注企业内部与外部社会契约。前者是经济层面的社会契约，后者是伦理层面的社会契约。企业社会责任的履行，就是企业层面社会契约履行的一种外在表现。

除了经济契约、心理契约和社会契约，在实践中还存在一种“个性化契约”。一项国际MBA学生调查显示，超过30%的学生都与他们的雇主达成过个性化契约；在美国小型医院中，25%的护工和医院建立的也是个性化雇用协议。个性化契约是组织与特定成员达成的承诺或协议，该契约突出了与其他员工相区别的个性化的安排。我们可以发现，组织需要关注组织内多元而丰富的契约体系，这个“契约工具包”既可以包括有形的经济契约，也可以包括无形的心理契约、社会契约、个性化契约等。

企业的契约安排不仅需要囊括外部的协

同价值主体，更要涉及组织内个体与组织的设计，将契约设计嵌入“宏观”与“微观”中，以实现各价值主体之间的共生关系。此外，还有一个观点需要厘清，**契约设计的核心不是为了权力、控制，而是为了实现各价值主体之间的共享共生。**因为在管理实践中，大多管理者契约安排的出发点在于控制，这其实反而削弱了个体的能动性及创造力。

组织内外的信任

大部分情况下，我们都可以看到一个很有意思的现象，很多企业在抱怨，内部可用的人才少，外部合适的人才难找。甚至一些成功的管理者认为优秀的人才在企业外，要花 80% 的时间去找人。但是，如果我们愿意去寻找一些共性的东西，会不难发现，只要机制设计得好，人才是可以在企业内部冒出来的。**只有两种情况需要企业从外部招人，第一是拓展全新的业务，第二是原有班底无法带领企业摆脱现实困境。**

无论是内部培养需要一个好的机制，还是外部招人需要足够的吸引力，其关键还是企业可否与人才建立信任。如果不能建立信任，无论是内部人才还是外部招来的人才，都无法建立真正的绩效。

组织内信任

信任是建立在对另一方意图和行为的正向估计基础之上的不设防的心理状态。**即信任就是指在明知道可能遭受损失的情况下，还是选择继续合作。**

不同的学科从不同角度给予了信任不同的

定义，但仔细分析，我们会发现这些定义一般包含两个重要维度：其一是积极预期，即一方对另一方行为意图的积极知觉与预期；其二是愿意承担风险，指即使可能遭受损失，依旧会相信另一方的意图及行为。

费孝通先生提出的“差序格局”[一]理论为研究中国人的信任结构奠定了基础。在个体关系网中，不同的关系类型决定着亲疏远近，也决定着信任程度。于企业实践而言，信任一直是组织管理比较关注的点。当内部员工多为“家族成员”且数量较少时，组织内信任会较高。从企业内部而言，当企业的规模与复杂性

[一] 费先生采用社会结构分析法指出，中国人的关系格局是亲疏远近的人际格局，也如同水面上由石头引发的涟漪一般，由自己延伸开去，一圈一圈，按离自己距离的远近来划分亲疏，并根据亲疏远近来进行行为选择。

增加时，很多新成员加入，这会导致组织内信任度下降。这个时候需要进行管理升级与适当的契约安排，这也符合组织发展过程中的正式制度建设的规律。

同时，我们必须时刻认识到，虽然经济契约与利益是协同合作的基础，但最为本质的东西是，**人们高效合作是因为相互信任，他们拥有相似的道德价值观，遵循相同的道德默契，这种基于认同形成的信任才是组织内外协同的关键。**

“向上管理”和“向下负责”

大部分管理者对于管理的思维定式是，管理需要向下管理，向上负责。其实这是一个认知误区，这个误区会导致人们很难获得上下级的信任。

协同的内核在于

信任

协同的方法在于

契约设计

关于向上管理，德鲁克先生在《卓有成效的管理者》（*The Effective Executive*）一书中启发我们，“工作想要卓有成效，下属发现并发挥上司的长处是关键。”[㊀]首先，需要我们主动和上司交流，这样就可以带来双方信息对称，信息对称后才有机会建立信任。其次，要把自己的期待告诉自己的上司，期待是一个什么样的工作状态，以及请求上司回馈和帮助你的事情；同时也要了解上司的期待，上司期待自己做什么，如何做，以及他对于什么行为是认可的。最后一点是最重要的，要发挥彼此的长处。当上下级共同贡献于组织绩效新来源时，信任关系也会有效建立，并形成良性循环。

㊀ 彼得·德鲁克. 卓有成效的管理者［M］. 许是祥，译. 北京：机械工业出版社，2009.

当然需要我们关注的一点是，向上管理就是要合理利用上司的时间和资源，其本质不是管理和被管理的关系，而是配合、协作以及彼此成就的关系。此外，作为下属永远不要让上司觉得难堪，永远保护自己的上司，事前汇报或警告，以免其在公众面前受到屈辱；永远要高估自己的上司，而不要低估他，因为高估没有什么风险，低估却会带来反感或是报复；对上司永远不要隐瞒。

虽然信任建立不易，但信任的失去却相当简单。一旦产生某种伤害信任的行为或态度倾向，那信任将会遭到破坏，而且难以修复，正所谓“覆水难收”。彼得·德鲁克先生还告诫我们，要想成为一个有效的管理者，需要理解上司也是普通人，也存在长处和短处。如果我们可以在其长处上下功夫，既能帮助上司完成其工作，又能在帮助上司的同时带动自己发展。

大家通常关注的信任关系建立，其实在更广泛的层面上存在于自己和下属之间。运用以下这个鲜活的实例，可以让我们更加了解什么是“向下负责”。

2016年4月18日，网上曝光一段“快递小哥被扇耳光”的视频，视频中顺丰快递小哥不小心与一辆车发生剐蹭，车主下车后对他又打又骂，据网友粗略统计共被扇了六个耳光，快递小哥整个过程没有还手……当快递小哥被打的视频曝光后，顺丰集团总裁王卫在朋友圈发文称，“如果这事不追究到底，我不再配做顺丰总裁！”这话掷地有声。顺丰官方也很快对快递员被打一事做出回应，并且向网友表示已找到受委屈的小哥，并承诺照顾好他，让人心暖，让人心生感动，也让人觉得充满希望。顺丰总裁同时做出承诺：未来也会像保护这位小哥一样，保护所有员工！这就是“向下负责”。

被员工信任是实现“向下负责”的基础，“一线快递员是支撑顺丰的基础，是顺丰集团真正的核心资产”。“向下负责”是顺丰的核心价值理念，而且在行动中不断验证他们的行为选择。因此我们才可以感受到顺丰快递专业和敬业的工作态度，可以感受到其提供的便捷的服务，可以明白为什么顺丰员工会细心地把货物包好并用心将其固定，无论是白天还是晚上总能认真取件并送达。只有当公司真正尊重员工，给予员工安全感，帮助员工解决困难，坚定地站在员工的立场处理问题的时候，才能营造一个信任的环境，获得彼此信任的长久合作关系。

在组织管理中，我们要突破传统的“中国式”信任格局，需要在“概化信任”上找到信任的基础与方式。信任不应该仅依赖于血缘、亲缘、学缘，更应该依赖于核心的价值观、心与心的连接。我们要找到构建信任的突破口，如开放信息，做到信息对称。人们拥有对称的信息，才会感受到安全和被信任，才会被激发主动性与创造性。

组织间信任

从外部环境来讲，在网络式组织兴起的情境下，为了降低交易成本与防止机会主义行为，也需要建立组织间信任。信任一直是我们为了更好地协作而付出的最大成本的因素，各类法律法规、合同、契约、约束机制等，其实都是为了审核信任、发展信任，以及获得信任。

生态网络体系有效运作的核心也在于信任，现在很多企业都在构建生态链、价值网络，只有建立信任后带来的资源或信息输送，才能有效帮助单个企业克服“能力困境”“资源孤岛”“信息孤岛”等。

信任双方的垂直距离越小，信任对绩效的促进作用越强。这意味着，在企业实践中，为了让信任机制立竿见影，信任关系的培养应该遵循自下而上的顺序。**相比于培养员工对于其主管、部门经理以及高层管理者的信任，从水平层级着手营造员工与同事之间的信任关系对提升员工自身的绩效会更为有效。**

基于契约信任的基本原则

有一组数字让我们惊讶，日本调查公司东京商工研究机构数据显示，全日本超过150年历史的企业竟达21 666家之多，而在2020年将又有4850家满150岁，2023年将又会有7568家企业满150岁……而在中国，最古老的企业是成立于1538年的六必居，之后是1663年的剪刀老字号张小泉，再加上陈李济、北京同仁堂药业以及王老吉三家企业，中国现存的超过150年历史的老店仅此5家。[㊀]

惊讶于这组数据的同时，很多学者开始探究影响日本企业长盛不衰的因素，我们相信影响因素一定很多，但是其核心的影响因素有

㊀ “转型投资家”微信公众号，2019-05-06.

三个：专注、长期主义、家社会。在三个核心要素中，最关键的是日本企业是一种家社会企业。所谓家社会企业，是指一方面要照顾家庭成员，另一方面要照顾员工的利益，而员工利益长期保障的契约机制的建立，让日本企业能够长盛不衰。我们必须明确的一点是，**长期信任（基于契约的信任）在企业持续发展中不可或缺，其关键在于如何在组织内外有效建立信任。**

企业设计正式契约时，一方面要考虑其制度刚性，另一方面要关注非正式契约的影响。对非正式契约的关注与满足很可能缓解正式契约的刚性弊端，并成为与正式契约互补且增进主体间信任的重要机制。**非正式契约带给主体的影响是，能够增进主体之间的满意度、承诺感及认同度，牢固的心理契约关系使得主**

体之间形成高承诺的关系，个体会得到充分激活。我们认为，基于契约信任有一些基本原则需要遵循，具体如下。

持有各主体平等协作的理念

首先，契约应该隐含各主体的地位平等，他们是彼此互为主体的价值主体，不存在主客体关系，你是主体，我们也是主体，我们是共生的。其中一方不会因为另一方的权力而改变自己的自由意识，可以说，契约关系平等、互为主体是契约最内在的要求。同时，契约应该是在相互意见一致的基础上达成的“合意”。契约的设计一方面要使得人们能够自由选择各自行动，另一方面需要避免出现各主体都不期望的结果，契约的约束条件也要充分反映各主体平等协作的理念。

技术穿透保障契约机制

建立契约信任机制需要考量数字化时代及快速更迭的技术背景，采用科学合理的技术方式，让技术穿透于契约设计中。现在数字化技术、自动化程序、区块链技术等大量更迭出现，为信任机制的建设提供了“信息无疑”的保障。

技术给契约设计带来的积极变化包括两个方面：一方面，技术的创新应用重构了组织与各合作伙伴之间的价值关系，催生出更多元的数字化生态。小米的生态链建设中，采用“竹林生态”的模式，作为根系为生态链公司提供养料，输送产品方法论、价值观、共享数字、平台资源等，而生态链公司则创造高性价比的产品，反向增加小米生态能力，二者互为“价值放大器”。据悉，小米生态链 2017 年销售额突破 200 亿元，而且可穿戴设备市场占有率第一，小米还接连斩获 iF 金奖、Good Design best 100、红点 Best of the best 三大设计大奖，实现工业设计大满贯。小米和生态链合作伙伴的价值关系得益于技术，反过来也促进了各行业产品、模式的“颠覆式”进步。

另一方面，技术能确保各个主体在信息上平等，而且可以尽可能地利用一切信息资源。交易的基础就是信息，技术给契约信任的裨益是它能使数据对所有主体公开，整个系统信息高度透明，这能提升信息获取的及时性、全面性及准确性，有利于提升协作效率，降低交易成本。

使各主体在感情和精神上紧密相连

对于契约缔结的各主体，组织内、外成员

需要辅以充分的情感、精神支持。组织信任既来自信息透明，又源于情感因素。

各主体之间的协作应该是心与心的交换、心与心的托付，这样才能在契约的联结下，真正达到信任，真正地围绕顾客进行价值创造。可以说，今天企业家面临的最大挑战，不在于技术而在于心性。

设计柔性系统的契约体系

“至刚易折”，在有限理性、环境不确定性及信息不完全性的前提下，柔性灵活的契约体系显得尤为重要，这也启示，“柔性”这一元素需要考虑到契约的设计中。契约体系的柔性表现在契约缔结的某一方不能按时、按量、按质递交产品或服务时契约会被重新协商，柔性契约的目的是使各主体能适应环境的变化。

研究者发现少量契约柔性盛行于全球，柔性实践出现在供应链管理、外包及现代网络组织中。如在价值网络的契约关系中，存在着许多不同方式，由于可能存在短期或长期频繁交易，缔约主体企业时常与同一参与方以柔性方式约定重复联盟。但是，也需要注意，柔性是为了更好地应对环境变化，而不能成为主体机会主义行为通行的方便之门。

契约体系的系统性表现在契约设计不但要关注正式契约，也要将非正式契约嵌入契约体系中。比如心理契约，组织间关系除了正式的契约关系的期待外，还有些未公开说明的相互期望。有些时候，心理契约的作用甚至比纸面契约的作用要大，不少研究也表明，心理契约有助于维护组织间关系，而且能培养信任感，进一步推进合作。

确保实现各主体的价值创造、价值评价与价值分配

契约信任的最后一个基本原则就是使得价值网络各主体之间能高效协同，而这其中最为关键之处又是要建立符合各主体心理预期的价值创造、价值评价与价值分配机制。

这一原则启示，契约设计的过程中需要注意以下三点：

其一，充分尊重各主体的身份平等性，在此基础上，依据风险承担、价值创造、互惠互利的标准对各价值主体进行评价机制的设计。

其二，价值评价与价值分配要有一致性，在达成共识的价值评价上，按照公平、公正、公开原则，依照原始的共同约定的价值分配方案执行。

其三，整个过程需充分考虑契约主体之间的关系性，因为信任不仅来源于制度保障，更是一种情绪感知。

要充分结合各主体之间的关系来设计契约体系，综合利用正式契约与非正式契约，从而以契约组合的方式推动价值创造、价值评价和价值分配的良性循环。

第五章

组织内协同

企业的组织就像是一幢房子，当一个组织变大时，房子中的墙和门就增多，这些墙和门会阻碍部门间的沟通和协调。而为了加强沟通和协调，你必须把这些墙和门拆除。

——杰克·韦尔奇（Jack Welch）

组织结构的重组是实现组织内协同的关键一步，在此之后，组织内个体会有更清晰的责任和角色认知。重塑的责任体系和角色认知帮助组织员工在心理、思想和行为层面去认同和实施协同。在责任与清晰的角色认知下，个体还需要有更多的适应性行为，才能更好地适应外部环境与组织结构、战略调整，并促进组织内协同。

在腾讯内部，有一种管理模式是“赛马机制”，它的本质就是团队之间的相互竞争，最后将资源对优质团队进行倾斜，这种机制使得腾讯优秀产品频出。微信就是该模式产生的产品，由广州邮箱团队研发。赛马机制在很多互联网公司也发挥了重要作用，它能高效率地催生出现象级产品。

赛马机制在解决某些问题上的确具有重大的突击力与创新力，但其带来的负面影响也同样值得深入思考。赛马机制造成了大量的资源冗余与浪费，很多赛马者高估了创业的成功率，他们的大多数项目并没有很好的成果，这不但造成了资源的浪费，而且造成了赛马者的心理创伤，可能对后续工作造成影响。

赛马机制使得各团队之间信息隔离，形成“信息孤岛”“知识孤岛”和“资源孤岛”，有效的知识、资源得不到充分的利用。例如，在A团队内已经具备现成的成果或知识，但B项目团队对此不知，还需要重新开发。如果赛马机制不能持续地产生新产品，那么这种模式会造成越来越多的资源耗费。其实，在与腾讯高管的交流中，我们发现，腾讯内部也开始重新审视赛马机制的问题，开始组建专门的团队去探求协同与竞争的合理分配，并追求更好的协同效果。

2018 年年底，腾讯高级执行副总裁汤道生宣布在“云与智慧产业事业群”（CSIG）放弃实行赛马机制。在赛马机制已有如此多成功案例的情况下，腾讯内部开始转向组织内协同，这让我们感受到组织协同的重要性与迫切性。而很多企业的实践，让我们得出一个判断，在今天核心不是分享，核心是协同。

组织结构重组

我们从 2012 年就开始关注这样一个话题：

在不断更新的互联网技术之下，组织的新形式到底是什么？我们走访了23家企业，对每一家企业都做了深入的交流和研究。这些研究让我们深深感受到：大部分企业都展开了非常多的调整。

比如，海尔创造的“人单合一”模式，最大的价值就是让一家大型制造企业拥有个性化定制能力。海尔从组织形式上做出创新，有效支撑了海尔“网络化战略”“用户乘数”“智能互联工厂”等战略目标，并获得了业绩的持续增长。

在哈佛商学院的课堂上，张瑞敏指出，“当年我们砸了冰箱，现在我们砸了组织，我们砸组织这个举动比当年砸冰箱要艰难得多，而且意义深远得多。”这一系列操作也挑战和颠覆了许多经典管理学中的组织思想和管理原则，组织模式的调整使得海尔在大协同时代更有战斗力。

华为在今天已经是家喻户晓的全球领先企业，它能取得今天的成绩，是源于早在创业初期就设计了自己独特的组织模式——财富分享计划与权力分享计划。为了适应技术与环境的要求，华为的组织结构也在不停地“微调”。比如，因为行业变化与技术创新的要求，华为对董事会原有的四大委员会（战略与发展委员会、人力资源委员会、财经委员会和审计委员会）做出了适当调整，将战略与发展委员会的权力下沉至各事业群或事业部（BG/BU）的执行管理团队（EMT），将人力资源委员会与财经委员会合并至平台协调委员会，而审计委员会依然保持独立，并且高度集权在集团。

这种调整使得华为能更好地从管控型转向

服务与支持型，也让机关能更好地与一线协同作战。任正非强调，在华为的数字化转型中，平台部门要打开大门，要保障信息的透明、公开与共享，让业务组织进来协同作战。

温氏集团的“公司 + 农户”模式。温氏作为一家农牧企业，市值超过 2200 亿元，为什么有如此高的市值？温氏走出了一条新模式之路，即把 56 000 个家庭农场链接到一起，进行可视化、集约化管理，同时分布式作业，解决了农业中挑战最大的几个要素：成本、土地规模的有效性，以及食品安全。

温氏在创立之初，就把公司设立成一个基本的平台模式，为农户提供养殖方案、饲料，农户养好的猪、鸡回收，再帮助农户销售出去。一个镇的农民都在与这家公司合作，使得它成为一家市值最高、养殖规模最大、最具发展能力的农牧企业。

与温氏股份董事长温志芬交流时，他介绍说，温氏早期就知道企业想做大，不能仅仅靠自己，更要协同发展。因此，温氏一开始就选择了“公司+农户”的模式。经过一段时间的发展后，这一模式升级为“公司+家庭+农场”，核心是实现农民与公司的双赢。

在温氏内部，用温志芬董事长的话说，“让所有创业人员都感觉到我们不是被雇用的，我们自己就是老板。这样一来，大家进公司工作的时候会非常卖力。”从温氏的发展中，我们也看到，温氏关注所有人的利益，当协同更能贡献组织绩效的时候，与所有利益相关者价值共创、共同成长变得尤为重要。[⊖]

⊖ 陈春花，赵海然. 共生：未来企业组织进化路径［M］. 北京：中信出版集团，2018.

组织结构应该如何调整呢？在传统的组织结构设计中，有几个基本要素需要关注，即分工及角色、工作专业化、部门化、管理幅度、集权与分权、正规化及命令链等。从组织结构设计的发展来看，企业界依次选择了泰勒制、福特制、丰田制与海尔制。

泰勒制的原则是分工，将劳动分解为若干单元，从科学理性层面来管理企业。而福特制在泰勒制的基础上增加了流水线作业，但核心还是分工。相比较于福特制，丰田制有了较大的进展，提出了“精益生产”的概念，而精益管理的核心却是需要组织成员之间的协同。因而，丰田公司开始设计团队合作，让工人、技术人员和管理者紧密结合，通过柔性的方式及时对顾客需求做出反应。海尔制的核心是人单合一，充分结合了开放与共享的原则，让员工能将自身价值、顾客价值与企业价值结合在一起，通过组织成员间的协同来创造价值。

今天的企业已认识到，科层制的组织结构需要被打破，新的赋能的组织结构需要被构建。组织结构重组不再以企业为中心，而是以顾客需求和用户价值为中心。组织结构重组的结果要使得组织员工有更好的热度、资源和能力去满足顾客的需求。

首先，组织结构的重组应该能适应未来环境。

其次，组织结构必然要反映战略。从腾讯的发展中，我们也能看到这一点。根据业务和战略的要求，腾讯的组织结构依次经历过职能制、多业务职能制、业务系统制及事业群制，这些组织结构的调整都是为企业战略而服务。正如著名管理学者钱德勒（Chandler）所说，

“战略决定结构，结构跟随战略。”

最后，组织结构的重组必然要符合协同的要求，例如组织结构共享化、去中心化、无边界化。例如太阳能发电行业的领军者天合光能的“平台＋创团化”变革、韩都衣舍的“大平台＋小前端”及海尔的自主经营体等。

组织结构设计最根本的原则就是以顾客为导向，为组织员工提供服务支持、资源供给、价值评估与愿景激励。

责任与角色认知

在组织管理中，个体都是有自由意志的。个体在不断释放、放大自己的自由意志时，必然会对其他人造成影响，也受到其约束与冲击，因而满足很短暂，过程很痛苦。为了实现个体的自由意志，他需要与别人合作，协同反而会更好地满足个体的自由意志。

如果能按照整体目标与成果的要求，调整每个人的动机与行为，协同体系就成了“正式组织”。在协同体系下，各种因素应运而生，如价值观和文化、行为规则、责任体系和角色认知等。在这里，一个自由意志的人开始有了社会元素，开始了解并遵从与别人的约定。㊀

在企业实践中，透过很多案例的观察发现，基于协同的责任和角色认知将贡献更多的价值。例如，在人力资源管理上，华为、腾讯、阿里都倾向采用人力资源三支柱，即人力资源业务伙伴（HRBP）、专家中心（COE）和共享服务中心（SSC）。

很明显，三支柱之间需要协同才能发挥

㊀ 切斯特 I 巴纳德. 经理人员的职能［M］. 孙耀君，等译. 北京：中国社会科学出版社，1997.

价值。人力资源业务伙伴需要懂得人力资源知识，也要了解业务，时刻与业务部门协同。专家中心需要利用专业知识与战略协同，能够积极推动变革，构建组织能力，它一定是与组织多部门一同工作。共享服务中心更是为了知识分享和协同而存在，共享事务、共享资源，以技术、数据为基础实现组织内协同。

在与腾讯高层管理者的交流中，我们了解到，腾讯为了解决组织内部的协同问题，在2017年进行了一次大的组织结构调整。腾讯将“云与智慧产业事业群”（CSIG）独立成事业群，用以推进业务协同及相应责任体系的建立。比如，原来一个客户可能与多个团队进行合作，在采购产品时也会有多份不一样的合同，各团队都是一个分散的责任体系。但是在协同后，各个团队组建在一起形成了一个界面的服务，即形成了一个协同的责任体系。腾讯打通多个产品整合业务流程，并以一个界面去服务，能让客户更放心，也使得顾客服务效率得到极大程度的提高。同样，腾讯的平台与内容事业群（PCG）部门调整亦是为了推动内部协同，对社交平台、内容产业及技术进行融合，并形成利益上的捆绑。

京东非常关注技术的作用，刘强东甚至认为，未来只有三样东西——“技术！技术！技术！”而技术之下最为本质的就是整合和协同，通过技术展开充分的数据、知识、资源共享与协作。《京东人事与组织效率铁律十四条》指出，“跨部门协同各方必须主动分享其他部门可能会用到的相关数据，包括资源投入、项目进展、业务管理或其他需要参考的关键数据（涉及敏感数据除外），以实现信息分享透明化。”[㊀]京东还要求管理者时刻与下属协同，保持战略与资源的开放性。

在传统的分工理论下，个体的责任体系来自于自身的角色。他的认知就是把自己的分工角色做好，也就是完成自己在岗位上所被期待的一系列的行为模式。但在今天，组织结构和流程发生变化的情况下，**个体扮演着多重角色，不但要做好自己的工作，还需要配合别人协同做好多个任务。为了更好地与别人产生协同，个体还需要克制自己的欲望与行为。**

协同的责任体系不仅仅是个体自身的责任体系，更多的是与他人相关、协同的责任体系。有效的协同团队总会使得成员担负起更多的责

㊀ 京东人事与组织效率铁律十四条[EB/OL].[2018-11-02]. 搜狐科技. http://www.sohu.com/a/235819293_99922725.

任，包括勇于领导团队的责任、为团队成员赋能的责任、配合团队成员获得绩效的支撑责任等。在新希望六和，我们常说的一句话是：**有人负责，我配合；没人负责，我负责。**这也是这家公司可以面向互联网转型成功的核心原因之一。

个体适应性行为

个体有清晰的责任和角色认知后，会在组织中产生一系列行为。我们将有利于组织内协同的一系列行为称为“适应性行为体系”。适应性行为是一个人为了适应环境而求生存的能力，它的重点是满足自我的需求，也满足环境与社会需要。“适应性行为体系”包括同理心、数字化工作行为，以及“秀”和“赞”行为与网络关系构建。

同理心　同理心是一个心理学上的术语，它一般是指“换位思考”“设身处地地想”“共情”等。

组织内协同管理，遇到的关键挑战就是组织内部能不能把“部门墙”拿掉，能不能真正让每个部门的成员在整体系统中去创造价值。这其中的关键又是“同理心”，如果组织成员具备同理心，大家就更能彼此了解对方的思维、想法和感受。这种同理心使得员工有更多的亲社会行为，更愿意支持和帮助对方，也会产生更多的行为模仿。当组织成员具备同理心时，更容易形成团队认同感。

在《刷新：重新发现商业与未来》[㊀]（*Hit*

㊀ 萨提亚·纳德拉. 刷新：重新发现商业与未来［M］. 陈召强，杨洋，译. 北京：中信出版集团，2018.

Refresh: The Quest to Rediscover Microsoft's soul and Imagine a Better Future for Everyone）一书中，微软CEO萨提亚·纳德拉（Satya Nadella）指出，“无论是在拉丁美洲、中东还是美国的某个城区，在和人们见面时，我们都会去试着理解他们的思维、感受和想法。身为一位有同理心的父亲，加上探究事物核心和灵魂的渴望，使我成为一名更好的领导者。”

但同样需要注意的是，同理心亦不可过头。过度的同理心也不利于组织协同，带着同理心做出决策可能使个体错失最佳的理性方案。而且同理心会耗费个体认知资源，认知资源理论告诉我们，认知资源是有限的，当同理心行为过多时，它必将使得员工情绪耗竭与同情疲劳，这也会影响员工工作。

数字化工作行为 技术一直在推动世界的变迁，物联网、云计算、大数据、人工智能、区块链等将世界打造成了“数字场所”，而组织也相应成了“数字工作场所”。

数字化管理是大势所趋，基于算法的精确匹配与计算已全面波及组织管理，包括招聘、培训、绩效、薪酬、福利等各个领域，而且以后会日趋深化。个体会有各种各样的数字记录，包括工作流程、工作绩效、知识行为、社会关系等，每一个员工都会有自己的“数字画像”。

在员工的数字化工作行为上，京东对员工行为数据、过程数据进行采集，通过平台和大数据分析，让管理者随时查看涵盖员工生命周期的即时数据，并着手研究商业智能，在招聘、人才画像、智能推荐、高潜盘点等方面，

实现真正的大数据分析。[㊀]

员工能随时随地地了解和认知自己的工作状态，以及与优秀标杆的差异性，这都能极大地提升个体的工作与协同效率。但同时，组织需要密切关注数字化行为的保密与安全问题，以及员工隐私和安全的保障。

“秀”和“赞”行为与网络关系构建 我们发现，影响协同绩效的很大一部分原因是来自于组织成员之间构建的相互影响的行为体系、非正式关系与人际网络。

在线场景中，无论是生活经历还是工作成果和感悟，员工更容易有机会去展示自己的才华，将之“秀”于网络，产生线上“秀”行

㊀ 王骞. 京东丨人力资源数字化转型的实践［EB/OL］.［2018-09-15］. 搜狐科技. https://www.sohu.com/a/254077964_183808.

为。这种秀行为其实是员工对工作生活状况的表达，是组织需要重点关注的内容。一个员工的秀行为会产生出两种可能：一种可能是他的内在需求需要得以释放，这需要组织给予特别的关注；另一种可能是他的秀行为越多，其价值感或贡献会越大，其在组织中的嵌入度也会越高，与组织之间的价值型关系也越牢靠。这种数字化的“秀”数据不仅是员工内心自由表达的记录，更是员工管理的重要事实和数据基础。

跟随着“秀”行为，其他员工会依据“秀”的内容与“秀”员工发生互动，会产生相应的“赞”行为。“赞”行为是个体出于对秀者发表内容的认同和欣赏而发生的线上点赞行动。为了更好地协同，个体的适应性行为体系不仅需要“秀”行为，更需要“赞”行为，只有你尽量不断给他人点赞，他人才愿意超越分工，全力以赴支持你。

梅奥的人际关系理论早就告诉我们，任何组织中都有非正式组织，正式关系结构下夹杂着复杂的非正式关系结构。梅奥也指出，组织人际关系网的成熟也是组织有效的重要标志。今天技术和数字化元素，使得组织中产生更多的社会情感联系和心灵交流。正是这种情感联系和心灵碰撞使得个体更愿意发生协同行为，更愿意超越组织支持去发挥自己的主观能动性。德鲁克提及，组织需要构建正确的人际关系，而这其中有四项基本原则，包括互相沟通、团队合作、自我发展及培养他人。[㊀]这些

㊀ 彼得·德鲁克. 管理：使命、责任、实务（实务篇）[M]. 王永贵，译. 北京：机械工业出版社，2009.

原则使我们相信，有效的网络结构和人际关系是组织内协同的充分条件。

新价值体系

组织内的协同得以实现，最后需要解决的是价值体系与价值关系的问题。这个问题也对组织成员提出了更高的要求，协同本身就要求企业设立支撑协同的价值体系，以及形成新的组织习惯。

个体与组织的关系重塑　在巴纳德所提的组织合作系统中，强调组织目标处于核心地位。[㊀]巴纳德这样描述：组织是由于个人需要实现他自己在生理上无法单独达成的目标而存在的。而互联网时代的情形完全不同，有创造

㊀ 切斯特 I 巴纳德. 经理人员的职能［M］. 孙耀君，等译. 北京：中国社会科学出版社，1997.

力的个体是由于组织需要实现它自己无法达成的目标而存在的。组织实现其目标一定要依附于有创造力的个体。㊀

现在，个体与组织的关系更倾向于呈现一种共生关系，传统的“企业 + 雇员”的形式受到了冲击，组织内工作不一定全部依赖于全职雇员来完成，而将通过多元化的工作主体和方式来完成。员工也不再是局限于某一具体领域或具体组织的工作个体，他可以跨团队 / 组织提供知识、技能和服务。而且，越来越多的人更加期待自由和非雇用关系。在这种情况下，协同管理肯定需要有新的价值体系，亦即个体与组织的共生关系。

我们不能再以传统的“组织强，个体弱”

㊀ 陈春花. 激活个体［M］. 北京：机械工业出版社，2016.

的观点审视两者关系，也不能让个体意志凌驾于组织意志之上，两者的重塑关系应是共生，互为主体，彼此贡献价值。一方面，组织要将优秀的个体集合到组织平台上，并提供个体成长与释放能量的空间，给予个体充足的授权、资源与支持。另一方面，个体也要充分发挥自己的创造力，与他人合作和协同，注重自身的价值贡献，为组织发展贡献价值和提供支持。

新文化价值观驱动　互联网技术背景下，很多组织调整了“硬”的组织结构，利用各种数字化和技术手段，构建新的责任体系和角色认知以帮助组织员工更好地协同。而在这些调整的过程中，我们发现，取得有效成果的企业，都是因为其企业文化做出了相应的改变。

我们继续深究其变化的内核，发现其企

业文化中都内含了开放、包容与利他的价值取向。组织协同的基本要求，就是合作和开放，而利他则是协同的一个基本理念。因此，**开放、包容、利他正是协同需要的基本价值观。**

小米非常强调共生模式，在组织内传递竹林生态的思想，并在组织间构建了强大的“生态链”。事实上，小米的“共生关系”不仅存在于其与外部组织之间，也存在于小米产品与“米粉”之间，更存在于小米内部团队之间。也只有如此，价值链才构成了相互信任的共生体系，个体才能融入其中并收获价值链或共生网络的价值。

新文化激发“新激励系统” 组织要获得协同管理的绩效，就需要构建新的激励模式，而不是采用传统的绩效管理。

例如，微软之前在绩效管理上采取“强制

等级排名”，这其实严重影响了协同效果，导致成员之间无法形成开放和合作的氛围，进而导致企业面对环境变化无法做出有效的回应。因此，微软进行了绩效变革，重塑新的绩效体系，并强调三个维度，即促进合作、帮助成长、奖励价值。

在促进合作上，微软关注组织员工是否借力或助力他人，主要围绕三个维度展开：第一，你是否整合、利用了前人的工作成果？第二，你是否为他人的成功做出了贡献？第三，你自己的贡献是什么？在这三个方面做好了，个体的协同意愿和协同能力也会稳步提升。同时，在微软的新价值体系中，绩效管理取消评价，更关注于员工学习、发展和创造价值的指导性对话。在这个新的绩效体系下，员工只要真正做出了价值创造就会得到奖励。这种价值创造不仅表现在自身贡献上，还表现在促进他人贡献上。

这种激励价值创造的体系，不仅对员工目标达成做出贡献，也对组织其他成员的价值创造或目标达成做出贡献，这样的激励模式推动了组织内协同的高效实现。

第六章

组织外协同

新的全球性商业规则是：要么协作，要么灭亡。

——唐·泰普斯科特《维基经济学》

技术使得组织间的关系遵循“离散程度越高，价值集中越快”的逻辑，在组织间协同时呈现了惊人的价值创造力。正如《维基经济学》所判断的一样，“新的全球性商业规则是：要么协作，要么灭亡。”[㊀]在数字技术的帮助下，价值创造和价值获取的方式已经完全变化，这种变化的力量正在重新定义每一个行业。这种改变的力量也帮助企业展开全新的发展模式，其中最核心的特征就是，企业的经营重心由内

㊀ 唐·泰普斯科特，安东尼D威廉姆斯. 维基经济学：大规模协作如何改变一切［M］. 何帆，林季红，译. 北京：中国青年出版社，2012.

部转向外部，借助于价值合作伙伴，企业可以为顾客贡献不断拓展的价值。

价值拓展

随着组织外协同的展开，价值开始在各个行业拓展并迅速改变商业的未来。以零售业为例，传统的零售业最核心提供的价值是，在一个卖场里尽可能地提供商品，并确保商品价格合理、品质有保障、方便顾客购买。“新零售”借助于零售企业与制造企业、数字技术企业、电子支付企业，以及物流企业之间的广泛协同，让人们不再受卖场面积的影响，可以在线获得大量商品的信息和选择权，人们也不需要来到店里，而是直接在线购买，并借助于物流在家里获得商品，而卖场也成为顾客全新的价值体验中心。

然而，在互联技术冲击最大的零售行业里，7-Eleven 保持了自己的强劲增长，其效能甚至超过阿里巴巴，真的是令人惊叹。[㊀]

7-Eleven 日本公司有 8000 多名员工，2016 年创造了近百亿元人民币的利润，人均创造利润接近 120 万元人民币，堪与阿里巴巴比肩。后者 2016 财年 3.6 万多名员工，创造了 427 亿元利润，人均创造利润 117 万元。

7-Eleven 在全日本开有 18 572 家连锁店，其中直营店只有 501 家，每天有超过 2000 万人次光顾 7-Eleven，享受 24 小时全天候和全渠道的便利服务。看到这里，你一定觉得 7-Eleven 的确做得太好了。不过更厉害的部分在于，7-Eleven 基本没有多少自己的直营商

㊀ 本多利范. 零售的本质 [M]. 北京：中信出版集团，2019.

店，也没有一个工厂是自己的，更没有一个配送中心是自己的，却成为近百亿元人民币利润的零售企业。

作为日本零售业最大的B2B共享经济体，7-Eleven用自己独特的价值主张，为每一个合作伙伴打造了一个共享的平台。7-Eleven日本公司只聘用了8000多名全职员工，其余人员全部都是加盟店、制造商和供应商的雇员。7-Eleven日本公司在已经开店的区域中设有171家专用工厂，几乎所有工厂都是由制造商或供应商投资，配送车辆也是如此，它们以高频率将商品配送到各加盟店的150多座物流中心。

7-Eleven既是共享顾客的平台，也是共享信息、共享物流、共享采购和共享金融的平台。7-Eleven作为一个共享经济平台，为所有参与方创造了巨大的商机。亚洲最大服装零售商优衣库线上的订单，可以到日本大部分7-Eleven 商店自提，这极大地方便了顾客，消费者不用在家等收快递，可以选择离家或者办公地点最近的 7-Eleven 便利店收货。

正是 7-Eleven 实现了对顾客 15 分钟便捷购物，以及对利益相关者的信息、物流、采购和金融共享的价值拓展，才使得自身在传统零售被新零售洗牌的时期，稳健增长。7-Eleven 自 1974 年创立以来，即使遭遇日本经济严重衰退时期，仍能保持连续 41 年的增长势头。

互为主体的共生模式

中国企业在“压缩式”的发展进程中，经历过竞争的泥潭无法自拔，共生营销、协同营销也曾被经营者所重视，但在纵横协同尝试的过程中，绝大多数企业遭遇了失败。但是**那些坚持长期主义，与合作伙伴共生成长的企业，却超越了竞争与变化，成为佼佼者。**如果仔细研究过去的企业发展历程，不难发现，这些可以长期发展的企业，是因为其长期主义的价值观能够在一套模式或者技术框架下，让合作伙伴共生成长得以实现，如前文介绍的7-Eleven、华为、温氏集团、海尔等，它们依靠自身的能力创造出一个共生的模式。

今天，在数字技术的帮助下，利用“互联网+”支撑下的协同行为，企业可以更大范围地获得共生的平台，也更容易参与到共生协同发展的价值网络中，获得远离竞争的价值创新。如行业内的联合图存、跨行业的互补协同、企业间嵌入式协同、价值链上下游协同、区域模块化制造等都是一种共生性的尝试，互联网技术的发展为这场社会变革带来了可能，更使得企业“超越竞争”的夙愿得以达成。[1]

立足“共生”才可超越竞争 企业如何才能保证自己走在正确的道路上？答案是：建立分享与共生模式。只有这样才可以激活生态圈，所处的商业生态圈也才可以内外同时成长，可持续成长，进而更有生命力。每一个“共生系统”中的主体都要在机制创新、产业协同、内外资源整合中自我否定、自我转型、自我变革，做到敢于放弃、敢于创新、敢于挑战，进而实现分享和共生，实现自我成长，自我超越。因此，数字化时代不仅仅是加

---

[1] 陈春花. 共生成长，远离竞争的价值创新［J］. 销售与管理，2015（11）：15.

速度的“量变”，更是底层商业和战略逻辑的“质变”。

“共生”让企业回归顾客价值 经典战略体系是围绕“主要战场”和“如何制胜”两个问题而展开的，而对于两个问题的回答需要从以下三个方面展开：产业条件（可做）+资源能力（能做）+优势选择（想做），这是工业时代“竞争逻辑”关注的方面，并一度被商业教科书奉为金科玉律，而在数字化时代的“共生逻辑”之下，以上三个方面被逐一打破。

第一，“可做”的产业条件被“跨界”所打破，国内两大互联网巨头阿里巴巴和腾讯，早已经水乳交融，无法辨识其是深耕于电商还是社交领域；第二，“能做”的资源能力方面被“链接”所突破，前提是企业具有链接和整合资源的能力，互联网平台使企业不再需要拥有房产，只需要链接成千上万的房主，撬动商业生态内的“资源”，就可以进军酒店行业；第三，“想做”随着“可做”和“能做”而无限延展，不再局限于过去的行业和资源，企业开始有新的机会进行价值主张的赋予，耐克从运动鞋的售卖到运动数据的管理和分享就是一个典型案例。[㊀]

以上三个方面为何能发生根本性的转变？其根源是核心立场的转变，**“竞争逻辑”的立场在于“企业”，而“共生逻辑”的立场在于“客户”，从而实现了“以企业为中心”向“以客户为中心”的根本转变**，更加注重客户新的需求、价值主张、价值增值等，响应

㊀ 陈春花，廖建文. 打造数字战略的认知框架［J］. 哈佛商业评论，2018（7）：119-123.

了数字化时代下回归到“以人为本”的层面上来。

“共生逻辑”激活群体智慧 “共生逻辑”背后激活的是群体智慧，而关于群体智慧的两个实验，可以更好地说明群体智慧优于个体智慧。

统计学家弗朗西斯·高尔顿（Francis Galton）设计了一个智慧实验，是在英国普利茅斯的乡村集市上，让围观群众猜测一头屠宰且去掉内脏的公牛重量，结果是群众猜测结果的中位数，是最接近于公牛真实重量的，优于任何围观的养牛行家的猜测。曾任职于微软的巴伊兰大学众包研究员利奥尔·左雷夫（Lior Zoref）再现弗朗西斯的实验，将一头牛牵到了TED大会，请观众估算牛的重量，结果是均值

（1792 磅[一]）和真实的重量仅仅差了 3 磅。

英国物理学教授兰·费雪（Len Fisher）在《完美的群体：如何掌控群体智慧的力量》(*The Happiest Toddler on the Block*）一书中指出，“即便每个个体都只有 60% 的机会得出正确答案，但在一个 17 人的群组中，多数人正确的机会将会上升到 80%；而在一个 45 人的群组中，多数人正确的机会将会上升到 90%。”[二]

互联网创造了无数有利于群体智慧发挥的场景，因而群体中的个体可以更加便捷地构建“共生系统”，提供更好的创造顾客价值的解决方案。

创建“合作主体的共生系统” 德鲁克在

㊀ 1 磅 = 0.453 592 4 千克。

㊁ 兰·费雪. 完美的群体：如何掌控群体智慧的力量［M］. 杭州：浙江人民出版社，2013.

《功能社会》中指出，“组织不是为自己而存在的，组织是手段，每一个组织都是为了执行一项社会任务的社会器官。”**企业要确保构建或是加入一个“共生系统”，找到自身“不可或缺”的定位，和其他主体形成“价值共生”，就有能力应对“不确定性”，有机会获得协同发展。**机会不会让企业持续成功，因为机会稍纵即逝，唯有共生成长，并让相关主体共享价值，成功才可持续。

得以强劲增长的优秀企业，深入分析其背后的增长驱动，共同点就是以“共生”替代“竞争”。以腾讯为例，业务的边界越来越模糊，在3Q大战压力之下开放战略让腾讯越做越强。而阿里巴巴建立了共享价值的商业平台，提供了中小商户可以便捷地开设网店的平台，从而缔造了一个又一个“双十一”商业神

企业要确保构建或是

加入一个“共生系统”，

找到自身“不可或缺”的定位，

和其他主体形成“价值共生”，

就有能力应对“不确定性”，

有机会获得协同发展。

话，在其构建的商业模式中，并未考虑如何打败竞争对手，而是让更多的利益相关者主体在阿里巴巴平台上共同成长，互为主体，这就是“共生逻辑”[一]，其商业模式就是构建“互为主体的共生系统”。

随着产业条件的调整和资源能力的充足，以及顾客需求的转变，新的四种战略业态应运而生——链接器、重构者、颠覆者、新物种，从而导致很多新的机会产生，新的概念涌现，[二]呈现出新的机遇和生长空间，这也是工业时代到数字时代的根本改变，其背后的认知逻辑是

㊀ 陈春花，朱丽. 激活组织七要素：从个体价值到集合智慧［J］. 珞珈管理评论，2017，16（4）：1-14.

㊁ 陈春花. 中国企业管理重构要从竞争逻辑转向共生逻辑［EB/OL］.［2018-08-08］. 人民网. http://finance.people.com.cn/n1/2018/0808/c1004-30217357.html.

由“竞争”到“共生”的转换。企业现有的核心要素发生了改变，新增了供应商、制造商、终端零售商、中间商，还有用户，共五要素，集合了以上要素的企业被认为是“价值共同体”。作为新范式的价值共同体，对管理者的要求也相应转变为构建“合作主体的共生系统”[1]。

组织集群

组织集群在组织间构建，是一个更具拓展性和价值增值的群体。回到客户端去看，一个组织集群，就是多个完整而又不可分割的组织，每个组织承担不同的价值创造部分，最终

[1] 陈春花. 7-11带来的新零售启发：效率依赖于共生平台系统［EB/OL］.［2018-01-15］. 人民网. http://www.sohu.com/a/216735806_330810.

呈现“1+1>2”的组织间协同优势。

组织集群的形成 组织集群是一个系统自组织的过程。它有三种类型：

第一种是蜂窝型，蜂窝型组织集群由处于不同的生产链体系中，不同生产环节的小企业组合而成。处于产业链中的小企业如同“蜂窝”中的小单元，用彼此紧密相连、相互衔接、相互信任、利益共享的方式，完成对某一产品的生产，一般呈现在劳动力密集和传统的轻型加工产业中。

以义乌小商品市场为例，2018年义乌小商品市场已实现4523.5亿元交易额，[1]义乌已经成为全球最大的小商品集散中心，并被联合

[1] 2018年义乌市国民经济和社会发展统计公报［R］. http://www.yw.gov.cn/11330782002609848G/bmxxgk/12330782684524904C/04_1/201904/t20190419_3876846_2.html.

国、世界银行等国际权威机构认定为世界第一大市场。[一]

第二种是专业市场型组织集群，这种组织集群的特点是，需要依附于专业的销售网络或是市场，形成“前店后厂”的组织集群形式。这种类型的组织集群，通常会形成同质化、有限差异化的产品，一方面具有成本优势，另一方面可以保证集群内企业的利润空间。

如日本的7-Eleven并非互联网企业，但是在互联网时代却呈现了高效的价值创造，它实施“前店后厂”，很早就把前店后厂的供应商、加盟商、服务商全部组合在一个大的数据平台上，同时能够很好地满足顾客需求。

[一] 义乌［EB/OL］. 百度百科. https://baike.baidu.com/item/%E4%B9%89%E4%B9%8C/214555?fr=aladdin.

7-Eleven 的盈利重点在于，提升单店的销售额和毛利率，从而通过规模化连锁经营，降低店面的边际成本。截至 2016 年年底，7-Eleven 在全球 17 个国家和地区拥有 61 554 家门店，成为全球当之无愧的连锁便利店集团。㊀

第三种是主企业领导型组织集群，这种组织集群的特点是，具有一个有控制能力的领导型组织，这个组织在分工和协作中具有强势的垄断地位，具有超市场契约条款的定制权，且可以凭借自身优势要求其他集群成员进行协同升级。这个主导的组织一般会最大程度地攫取整个组织集群的垄断利润中的大部分，用以支持产业升级和技术创新。

㊀ 7-Eleven 在全球 17 个国家和地区拥有超过 7 万家门店，是全球最赚钱的［EB/OL］.［2018-08-28］. 搜狐科技. http://www.sohu.com/a/250423570_100036120.

以大众所熟知的Nike为例，它在43个国家设有生产工厂，雇用人数近100万人。随着中国劳动力成本不断提升，越南已经取代中国成为Nike在全球最大的加工厂。由于Nike的品牌价值，这些加工厂面对Nike议价能力并不高。所以一旦代工国的劳动力成本提升，Nike随时可能进行转移，寻求更低的劳动力成本，保证其品牌的获利能力。可见Nike在组织集群中具有控制中心的地位，获得的是强势垄断地位带来的利润，这就是世界第一运动品牌Nike的奥秘。

组织集群的协同创新 大企业和小企业在技术创新方面的作用和地位，一直是后人在技术创新理论领域争论的焦点之一。大小企业其实在本质上并没有优劣之分，大组织有资源优势，小组织有灵活性和行为优势，而构建组织集群就是二者融合后探寻出来的大小企业优势互补的一种有效途径。如美国的硅谷、英国的苏格兰科技区等，都是激活创新活力和创新协同效应的有益尝试。

美国硅谷是知识经济的发源地，硅谷因为半导体工业集群而闻名，101 公路穿梭于硅谷，沿线聚集了多达 8000 多家的软件和电子科技公司。硅谷秉承“允许失败的创新，崇尚竞争，平等开放”的精神，成为世界上最成功的高新技术产业开发区。英国的苏格兰科技区坐落在苏格兰中部，该区聚集了大量电子生产和研发、销售公司，其产出的集成电路产品占据英国市场的 79%，以及欧洲市场的 21%。其就业人数达到 4.5 万人，占电子工业就业量的近 80%。

强链接

产业价值链的模式，在互联技术的影响下从线性、固化的供应链，向柔性的协同价值共同体不断演化，这一切都要求组织具有一种新的适应能力——“强链接”能力。

与顾客的“强链接”决定企业生死存亡 在淘宝、苹果AppStore、Facebook社交网络等云平台上，消费者已经是积极能动、有能力、有判断、有选择的“链接”价值共创者，他们的需求不断被激发出来，他们的参与能力也不断被释放出来，面对这样的消费群体，企业需要足够的强链接能力，方可与其共处。

如果存在一种好的交互途径，消费者可

以成为与企业“强链接”的价值共创者。以消费者为中心，提供个性化产品和服务一直是企业的梦想，而互联技术构筑了梦想和现实之间的桥梁。谷歌地图的每个 App 都可以获取数据，消费者为了获取交通状况信息，选择上传交通数据，分享所在地理位置的交通现状，从而使谷歌地图的信息更加翔实，更好地为消费者提供个性化服务。在这种互动的过程中，消费者已经无限链接到了“柔性价值网”中。

“强链接”带来柔性价值网　在我们所做的长达 26 年的中国领先企业研究中，协同供应以快速响应市场和顾客，是一家企业领先的根本能力之一。

不久的将来，单向、僵化的供应链，将不再是企业间主要的发展模式，而灵活动态的价值网络协同模式将变得越来越普遍并产生良好的成效。这有点像体育运动队的模式，为了迎战奥运会，组建国家队参赛，聚集最好的选手、教练、队医、设备及其他必要的构成要素。一个强大的国家队，一定是强大要素的组合，形成一个强大的价值网络，以确保在奥运会上取得成功。奥运结束后，比赛队伍解散。

这种动态的价值协同模式，其典型场景是：**以一个任务、项目或订单为中心，快速涌现和聚合一批能够协同工作的企业或个人，每个角色都类似于各有专长的特种兵，任务完成后参与者迅速消退，临时性的“柔性共同体”自动解散。**

“柔性价值网”贡献于组织外价值共创

凯文·凯利在《失控》一书中总结“蜂群思

维”时指出，20 世纪“原子”是科学的图标，而 21 世纪“网络”是科学的象征。网络思维的出现和网络技术的运用，使得竞争对手常常不在一个维度上，打败摩托罗拉的不是其他厂商而是谷歌的安卓系统，使实体购物中心受挫的不是其他商场而是以淘宝为代表的电商，未来颠覆汽车行业的不是同行业竞争者，可能是无人驾驶。“我们消灭你，与你无关。”[一]这使得企业在互联网时代的发展逻辑有了全新的改变，即无法识别谁是对手，不同的组合带来全新的可能。[二]

“柔性价值网”存在以下几个特征：第一，

[一] 刘慈欣. 三体［M］. 重庆：重庆出版社，2010.

[二] 陈春花，宋一晓，朱丽. 不确定性环境下组织转型的 4 个关键环节：基于新希望六和股份有限公司的案例分析［J］. 管理学报，2018（1）：1-10.

具有主体中心性，主体间关系由“强链接”构建，可以进行高效的资源交换，具有网络协同效应；第二，价值主体之间价值观相似，具有较强的信任关系，互惠协同；第三，具有开放性，边界模糊，可大可小，以保证价值网和外部的社会交换，以及灵活应变性；第四，主体间互动的原则是，价值共创和价值共享。所以，“柔性价值网”可以快速响应消费者新的需求，可以允许其介入到产品设计、生产、交付全过程，甚至是以销定产的 C2B 模式，使得组织外协同可以实现高效率的价值共创。

“一切都在重构”，组织间关系也被彻底重构了，这是互联时代企业必须要面对的事实。企业处于一个更加互动、关联、开放的，类似于“生态系统”的格局中，所以企业的管理效率更加依赖于外部，组织绩效的获得也越来越依赖于外部。组织在这样的环境中生存，需具备“强链接”能力、构建柔性价值网以及形成共生逻辑，组织外协同已被时代赋予了全新的内涵。

03

第三部分

协同管理的生成

我们的一生，就其形式而言，不过就是由大量的行为习惯、情感习惯、理性习惯堆砌而成的。这些习惯有体系地将我们的幸福与悲伤组织起来，令我们无法抗拒地走向各自的命运，无论这命运结果如何。

——威廉·詹姆斯（William James）

《习惯的法则》(*The Laws of Habit*)

第七章

协同价值取向及其塑造

人生的价值，应当看他贡献什么，而不应当看他取得什么。

——爱因斯坦（Albert Einstein）

战略管理学家安索夫在1965年将“协同管理”概念引入管理学界，但协同管理概念一直模糊不清，协同管理的理论也尚未成形。管理实践已经展示其生态协同的绩效，构建协同管理理论的实践基础开始涌现，在这样的背景下我们需要找到协同管理思想的哲学基础。

价值取向属于价值哲学的范畴，是主体在面对冲突、处理冲突和矛盾时，所持有的基本价值立场，是直接决定、支配主体的价值选择的关键。在价值链重构过程中，企业的价值取向是面对激烈的市场竞争进行价值重新分配，以及处理各种矛盾冲突的“定海神针”，因此，研究什么样的价值取向才可以激活个体，什么样的价值取向才可以凝聚更多的智慧，是“协同管理”创造价值需要解决的基本问题。

协同价值取向构建基础

价值创造、价值评价和价值分配三个环节，是组织管理的核心命题。由于预期是否产生价值创造，是协同能否展开的关键，因此我们在此基础上增加了价值预期。价值预期、价值创造、价值评价和价值分配对应着协同管理的四个环节——协同价值预期、协同价值创造、协同价值评价和协同价值分配，我们逐一进行价值取向分析和归纳。

构建基础一：协同价值预期

价值观匹配策略是筛选协同伙伴的关键因素。价值观会影响人们的行为模式，它一旦形成则很难短时间内改变，因此以价值观选择协同伙伴至关重要。东方智慧中也有“士为知己者死”“道不同，不相为谋”之说。

价值观的不同是导致冲突的来源之一，为了避免后期合作中的价值观冲突，最便捷的方式就是筛选价值观一致的伙伴。

在**价值观匹配策略**中，协同主体间能达成合作意向的关键，是有良好的价值创造预期，在企业协同中最高的是价值观与文化的协同。比如我们的调研就发现，“**把去中心化组织的成员联系在一起的不是领袖，而是某个共同的理念与价值观**”。

协同互补策略决定了协同创造的增值程度。协同双方需明确各自的价值互补点，发挥各自长处。能力互补的团队成员，价值互补的企业，可以促进彼此的协同进步。特别值得一提的是，互补的差异性可以为主体间的协同提供多种选择，是创新的重要来源。高效的团队需要同时具有三种技能：第一种是职能类的，就是能够解决问题；第二种是决策类的，就是可以做出选择并为选择负责；第三种是协调类的，即人际技能。这三种技能很难在一个人身上全部获得。这就需要团队成员有互补性。

协同期望管理策略的实施有效性决定了协同是否可持续。期望管理的方式，一是降低期望收益，二是提高实际收益。允诺会影响对方的期望，因此要允诺可以给予的，而不要允诺不能给予的。

构建基础二：协同价值创造

“以人为中心”是价值创造的动力源。管理理论“经济人——社会人——复杂人——文化人”的演变，以及德鲁克的“知识员工”，都是管理“人本思想”的体现。在“以人为中心”的策略中，协同的核心是人本主义，以“人”为目的，以“人”为依靠，协同要基于人，同时协同的实施主体最终还是人。

价值点衔接策略可促进多方的价值整合。充分挖掘协同主体的相对长项，实现多方面的价值整合，形成大系统效率，创造具有较强竞争优势的价值链，通过实现多方价值融合，促进协同价值创造。

目标嵌套策略可以形成协同主体目标融合。价值创造的过程中，必然会涉及不同主体的多目标嵌套。个体一旦追求自身的目标就会使组织陷入混乱，因此找到目标契合点很重要。目标嵌套保证协同主体在完成各自目标的同时，完成大系统的总目标。

集合智慧策略是价值创造的核心保障。协同价值创造的关键落脚点是集合智慧，既是检验前一阶段协同价值预期的有效性，也为后两个阶段提供了可供评价和分配的基础，具有承前启后的地位，是协同价值创造四环节中的核心环节，激发和运用群体智慧为价值创造提供了有效保障。

构建基础三：协同价值评价

长短期利益结合的协同激励是价值评价的关键。

协同激励策略不仅应包含对短期产生协

同价值的主体激励，还应包含暂时没有协同产出能力，但未来有较好产出能力的协同主体制定的特殊照顾策略。这样既能让有当期价值产出的主体获得激励，还可让未来有价值的协同伙伴休养生息，蓄势待发。

双向价值创造设计为协同价值评价带来多样化来源。协同价值具有两个方面的效果，一种效果是从产业成本重构的视角去获得价值，另一种效果是从拓展和创新产业价值的视角去获得价值。协同主体可以从产业成本重构中获得未来的价值分配，也可以从拓展新价值中获得未来的价值分配。

协同追踪控制为协同价值评价提供了公平保障。管理就是要可衡量，不能量化的，尽量概念化；不能概念化的，尽量细化；不能细化的，尽量流程化，因为不能衡量就不能管理。协同追踪控制策略，可以让协同价值创造过程可查，从而为后续协同主体间的价值分配提供证据。

构建基础四：协同价值分配

协同价值显性化为协同价值分配提供客观依据。在协同价值显性化策略中，协同软件将价值变得可以评估，使得使用软件的用户，能够将知识积累增长率提高 60% 左右，知识传递效率增加 80% 以上，知识共享提升 50% 以上。这充分显现了价值创造效果，为协同主体间的价值分配，奠定了量化的客观基础。

能否激活个体是协同价值分配好坏的重要标准。激活个体是协同模式有效程度的“试金石”。当把价值分配环节做好时，价值创造过程中做出贡献的个体是能够感受到分配环节被公平对待的，并因此而对协同价值做出多的贡献。

协同溢价分配是协同主体进入下一个循环的关键。假设“1+1>2”溢价了，若 2 是成本，1+1=10，那么获得 8 的溢价空间，那 8 怎么分呢？需要有一个分配策略。这个协同溢价部分才是协同效应的价值创造的增值，有了这个增值的部分，会推动协同主体更强的合作协同意愿，把协同发展持续下去。

协同价值取向内涵

接下来，我们在“协同管理”价值创造的四个环节上，分别进行价值观层面的解读，并指出每个阶段的重点。

协同价值预期阶段着重关注点为“诚”

协同价值预期阶段，即协同组建阶段。从人性与哲学的层面去理解，保证协同价值预期产生的心心相连的关键是“诚”，“诚”能决定协同双方是否在一起，以及能在一起走多远。所以我们认为该阶段的价值取向为“诚”。

协同价值创造阶段着重关注点为“利”

在协同管理的四个环节中，协同价值创造是协同的核心。该阶段的价值创造是协同管理的本质呈现。因此，协同价值创造的关键是“利而不害”，保障协同价值创造阶段集合智慧的关键是“利”。

协同价值评价阶段着重关注点为“信”

协同价值评价阶段，即协同成果评价阶

段。这个阶段最为关键的是对于利益分配部分，一定要“言而有信”，否则对于协同关系的维系，带来的伤害是毁灭性的。同时在协同价值预期和创造后的协同评价环节，关注双向价值创造，“言必信，行必果”，进行双向的价值让利，让协同主体创造价值后真正得到认可。因此，保障协同价值评价阶段被接受的关键是“信”，无关对方的“信”与“诈”，自己都要始终选择相信，在协同价值评价中，“信”贯穿始终。

协同价值分配阶段着重关注点为“不争”

协同分配是整个协同过程的结束，也决定了下一个协同价值创造周期能否延续。“不争”的协同价值分配理念，类似于“共生逻辑”，就是指企业在价值分配时，不能仅仅关注自身利益，而要保障协同主体同时获利。该阶段将协同价值显性化，进行协同溢价分配，不仅可以使分配标准清晰可见，而且可以让个体清晰感受到，不协同完全无法获得如此高价值的创造。正如先贤所言，“圣人之道，为而不争”，因此保障协同价值分配阶段激活个体的关键是“不争”。

综上所述，我们将协同管理的价值取向归纳为“诚、利、信、不争”，刚柔并济，共同打造“协同管理”高效价值取向体系。

价值取向力量

妙法师父关于《西游记》中人物的表述，可以触动我们去了解协同价值取向的内涵。“唐僧原来讲的是自己修自己的小乘佛法，不能成就无上菩提。所以观世音菩萨化现成一个老和尚，指点唐僧去西方拜见佛祖，求取大乘经典。西天取经的路实际上就是唐僧自度度人的修行之路。

唐僧的三个追随者，实际上集中体现了众生‘贪、嗔、痴’三种恶习。猪八戒代表贪欲重的人，贪财、贪色、贪名、贪利、贪吃、贪睡……所以给他取名八戒，意思是只有守戒才能熄灭贪欲，只有守戒才能获得智慧，所以叫悟能。孙悟空代表那些有本事、有能力但脾气大的人。取名悟空，就是告诉这些人要知道一切无常，万法皆空的道理。而沙悟净是指那些生性憨厚的‘老实人’，因为不明白佛法，造下了杀生吃肉的罪业，取名悟净是要他修净行，要想出离三界必须慈悲不杀。而身为师父的唐僧，四大皆空，不被财色名利所吸引，在生死存亡之际视死如归，宁向西方一步死，不

向东土一步生。”[一]

通过这四个人物的描述，可以理解为什么是唐僧西天取经成功，他拥有着内在的价值取向和依靠。在战胜自我的路上，价值取向就是指路明灯，它的作用就是指引我们，在“贪、嗔、痴”诱惑的生死存亡之际，“宁向西方一步死，不向东土一步生”。

《基业长青》(*Built to Last*: *Successful Habits of Visionary Companies*) 一书中指出，“让你与众不同的不是你的信仰，而是你相信的程度。”[二]对于企业而言，企业的价值观本身并不会产生绩效，产生绩效的是价值观管理。

㊀ 妙法老和尚：一个懂佛的人应该这样理解《西游记》[EB/OL]. [2011-12-02]. 学佛网. http://www.xuefo.net/nr/article10/100532.html.

㊁ 吉姆·柯林斯. 基业长青 [M]. 真如，译. 北京：中信出版社，2009.

“企业文化就是无形的生产力”，每一个企业都有自己独特的价值观、风俗、仪式等，这些都有效地影响着企业的行为，企业文化成为一个软环境，无形之中引领着内部员工的行为，同时又在无形之中影响着顾客，影响着企业的合作伙伴。

华为的客户接待水平令国内外客户震惊，其客户服务体系是多部门的系统参与工程，一切工作都在组织流程下进行。基于其业务特点，华为采用了矩阵制管理模式，虽然存在多头领导和职责不清的组织结构设计弱点，但是华为从签订合同到实际供货只需要4天时间，正是“华为精神”将部门之间的配合管理做到了极致。奈飞和谷歌也都在竭尽全力地打造一支“梦之队”，一支用共同价值观统和的队伍，这支队伍既可以让组织内部的效率得到极大发挥，又能够让组织与外界共生伙伴之间达成高效服务顾客，创造价值的结果。

在这个万物互联的时代，任何企业都需要在文化内化过程中，重新审视自己的价值取向——是否保有协同的价值取向？是否有能力做到“诚、利、信、不争”？

第八章

管理层的反应及其对员工的影响

一头狮子率领的一群绵羊，可以打败一只绵羊率领的一群狮子。

——拿破仑（Napoléon Bonaparte）

管理者的作用和魅力在于，同样的人和资源在不同管理者作用下绩效产出差异极大。现实中，管理者对于员工的关注度如何呢？美国猎头公司 Harris Allied 2017 年的调查结果显示，仅 3% 的管理人员认为，管理现有团队是他们最为紧迫的事。这个数字表明，管理者对于公司内部员工的忽视，导致了内部人才绩效无法被释放出来，这是一件管理者必须认真对待的事。

我们的调研也证明了这一点，在对 200 家企业员工工作绩效的调研中，我们发现一个普遍现象：5% ～ 10% 的员工，与企业对着干，无论是企业制度还是企业规定，他们都不认同；15% ～ 40% 的员工，工作成果不合格；20% ～ 25% 的员工，对于自己的工作成果没有认知的能力，做得好和做得不好，他们都找不出原因，只是靠着自觉去做；20% ～ 25% 的员工，高绩效工作。

也就是说，公司中有约 50% 的员工没有正常产生绩效。大部分员工都很努力，但为什么绩效结果不尽如人意？这个现象引发很多研究学者去研究背后的原因，绝大部分的结论是，管理者没有真正发挥作用，因为员工的绩效是由他的直接上司决定的。

管理层的主要假设

在《经理人员的职能》（*The Functions of*

the Executive）这本书里，巴纳德告诉我们，经理人员的职能重在维持一个庞大而复杂的协作努力的体系，他并不是在管理着一群人，而是在协调、指挥着组织的一系列活动。巴纳德认为经理人员的职能是：①提供沟通体系；②发挥促进作用以便获得必要的努力；③提出和界定目的。㊀

在巴纳德研究结论的基础之上，我们整理出有关协同管理活动中管理层应有的三个基本假设：

一是管理者明确而清晰的价值取向，对于员工和合作伙伴的重要性。

二是管理层需要提供合理的沟通体系以促进员工和合作伙伴的必要努力。

㊀ 陈春花. 我读管理经典［M］. 北京：机械工业出版社，2015.

三是合理而有效的激励对于形成协同行为的重要性。

管理者明确而清晰的价值取向

巴纳德认为，“经理人员责任的突出标志，是不仅要符合复杂的道德准则，而且要为别人制定道德准则。有关这方面的职能，最常见的工作是：在组织中确保、创造和鼓舞‘士气’。这是向组织或合作系统和客观权力体系灌输观点、基本态度和忠诚的过程。这一过程会导致有关个人利益和个人准则的‘小规定’服从于合作整体的利益，而且其中还包括树立工艺标准的道德（这也是重要的）。”㊀

我们来看看日航的实践。稻盛和夫先生

㊀ 切斯特 I 巴纳德. 经理人员的职能 [M]. 王永贵，译. 北京：机械工业出版社，2007.

2010年赤手空拳接手日航，一年多，日航就成为世界上盈利性最好的航空公司。稻盛凭什么？他不是航空专家，也不是财务专家，更不是航空经营专家。但他知道，日航的没落是日航人一手造成的，日航的重新辉煌也只能靠日航人双手铸就。能量就在那里，他所要做的，就是果断走进日航人的内心，唤醒他们的生命意识，释放能量，提升日航效益。他好像在说，兄弟姐妹，我这个78岁的老人准备好了，要与你们一起直面困难、垂直攀登，你们准备好了吗？稻盛的切入，深深地从内外改变了日航的场域。每个人内心深处的热情被点燃了，敬天爱人这种根本性的思维方式，被充盈到组织的每一根末梢。

与日航在经营层面大刀阔斧的变革相比，稻盛对员工精神世界的改造可能对这家公司影响更为深远。“稻盛先生当会长以后，不是在具体的经营方针上做指导，而是用他的稻盛哲学在意识形态的更高层面让大家明白，事情怎么会变成这样，或者是发生这样的事情谁来负责。原来大家都不是很明确，他用自己的哲学让大家在精神层面上有一个新的认识。”横田惠三郎说。

提供合理的沟通体系以促进员工和合作伙伴的必要努力

管理层需要明确定义整个群体的目标，并鼓励进一步的努力，清晰阐述应该努力的方向，并确保明确的沟通及传递。最重要的是，管理层需要让员工和合作伙伴理解，奋斗的目标是大家共同的目标，它产生于群体的期望和活动。这也指明了**管理层需要从定义整体目**

标开始，通过有效的沟通，让成员理解共同的目标并为此努力和贡献价值。

如果大家熟悉弗雷德·菲德勒（Fred E. Fiedler）的书《让工作适合管理者》[㊀]（*Engineer the Job to Fit the Manager*），这部被管理学家称为“不可忽视的领导学理论”著作，就会知道他非常强调，领导的效果完全取决于环境条件是否有利，其中一个最重要的结论是：其中一个环境因素就是领导者与成员的关系，指下属对其领导的信任、喜爱、忠诚和愿意追随的程度，以及领导者对下属的吸引力。所以，管理层要真正建立起彼此的信任，就需要持续有效地沟通，形成整体目标意识以及愿意为此付出努力的行动。

㊀ 弗雷德·菲德勒. 让工作适合管理者［M］. 北京：中国科学出版社，1965.

合理而有效的激励对于形成协同行为的重要性

激励被定义为一系列引导人们以特定的方式行事的管理活动，激励与个人的能力及所处的环境共同决定了个人的绩效。一个人的工作绩效是由三个关键因素决定的：个人的能力、工作环境和激励。

彼得·圣吉（Peter Senge）在《第五项修炼》（*The Fifth Discipline*）中，对于建立“共同愿景”这项修炼的内涵做了明确的界定，“尽管这项修炼叫作建立共同愿景，但是这个说法纯粹是为了方便而已。实际上，愿景只是引导组织深层热浪的其中一个组成要素，这些指导原则的核心是共同的目的感和使命感。如果有一项领导的理念，几千年来一直在组织中鼓舞人心，那就是拥有一种能够凝聚并坚持实现共同愿景的能力。建立共同愿景对于组织价值观的形成，特别是对于组织凝聚力的强化具有重大影响，同时，这一修炼显然是组织目标形成和组织成员目标认定的必要前提。”而且，彼得·圣吉归纳了“建立共同愿景”中所包含的各项要素。

（1）愿景：我们想要的未来图像。

（2）价值观：我们如何到达我们的目的地。

（3）目的和使命：组织存在的理由。

（4）目标：我们期望短期内达到的里程碑。㊀

如果激励组织成员形成共同的愿景，所释放出来的价值是极为巨大的。以华为为例，其

㊀ 彼得·圣吉. 第五项修炼［M］. 张成林，译. 北京：中信出版社，2009.

作为世界领先的通信设备提供商，提出了“开放、合作、共赢”的生态发展理念。华为认为开放合作成为趋势，以前行业中的竞争多、合作少，而未来合作将会越来越多。基于此，华为认为建设更美好的全连接世界，不可能仅靠华为一家实现，而要靠全行业、合作伙伴及政府共同合作来实现。

协同管理重在让一个庞大而复杂的合作体系正常运作，体系中的个体不仅代表组织本身，更代表了组织中的每一个成员。一套有效而合理的激励体系，需要一方面尊重组织个体成员的需求和价值，另一方面解决组织个体成员与组织整体目标之间的融合问题。在今天，几乎每个企业都在商业的各个领域建立了生态网络联盟，每个联盟都力图通过建立伙伴关系达到总体大于部分之和的效果，这为构建有效的激励系统奠定了基础，也为企业开发这套系统提供了真实的可能性。

管理层价值观及其对组织成员的影响

为了让组织文化提供持续竞争优势，巴尼（Jay B. Barney）建议了三个条件：第一，文化必须有价值，为了产生绩效，文化必须要有积极的经济效果；第二，文化必须是稀有的，其必须具有与其他大多数组织不一样的特点；第三，文化必须是难以模仿的，模仿的企业相较于被模仿的企业，会有许多不利（声誉、经历等）。企业文化的本质是行为习惯而非概念，当文化从理念转化为行动时，文化才能奏效。[一]

㊀ 陈春花. 从理念到行为习惯：企业文化管理［M］. 北京：机械工业出版社，2011.

作为文化的核心，价值观满足上述所有要求才有资格成为一种核心竞争力。价值观是否能够产生绩效不仅仅取决于价值观本身，也取决于价值观的管理。只有管理层对基本价值观的持续承诺，才能表达出企业的价值取向和定位，也才能让价值观真正表现出对员工的期望、引导和约束力。当员工所感受到的管理层价值观与公司愿景不一致时，他就会缺乏归属感，感到不被认可，对公司不满意，甚至发生冲突或是离职等。

阿里巴巴的价值观管理实践

我们的团队成员研究阿里巴巴的案例时，记录了阿里巴巴所做过的一个实验。阿里巴巴曾经邀请教授到公司进行了一项实验，所有的管理者被分成三组，第一组被要求在 15 分钟内找出手表的15个近义词，15分钟后，这一组刚好完成了15个；第二组被要求在15分钟内找出尽可能多的近义词，结果这一组找出了7个；第三组被告知他们要找出35个，否则他们就失败了，并且35个只是及格线，这种高要求驱使第三组在同样的时间内找出了39个词。由此，阿里巴巴意识到了有挑战性的具体目标的价值。

就寿命愿景而言，阿里巴巴在1999年创办之初提出要成为80年的组织，2004年，在其成立五周年之际，阿里巴巴又提出了更高的要求，将目标定为至少102年，这是阿里巴巴的新价值观：一个真正伟大的组织应该能够跨越三个世纪，因为阿里巴巴成立于1999年，因此102年是阿里巴巴梦想成为一个伟大组织的基本标准。

马云表述了新商业文明的价值观——我们有一个梦想，正如马丁·路德·金一样，10年之后，商人不再是一种唯利是图的象征，商人将成为社会发展的主导力量，由互联网创造的商人将是诚实的、开放的、负责任的和全球化的。这种价值观的具体指标是：阿里巴巴将会成为创造1000万家小企业的电子商务平台，要为全世界创造1亿个就业机会，要为全世界10亿人提供消费的平台，通过1000万企业的平台，让所有的小企业可以通过技术、互联网、电子商务，跟任何大型企业进行竞争，也希望阿里巴巴的消费者能够享受真正的物美价廉的产品，更希望利用阿里巴巴的服务，任何一位老太太，都不需要再去银行排队缴电费。

我们来看看阿里巴巴用价值观驱动企业成员和合作伙伴所取得的成效：根据阿里巴巴的

财报，2018年，阿里巴巴集团收入为2502.66亿元，年度活跃消费者数达到5.52亿人，集团平台成交额突破4万亿元，达到4.82万亿元。

《阿里巴巴零售平台就业机会测算与平台就业体系研究报告》指出，2018年阿里巴巴零售平台总体上为我国创造了4082万个就业机会，其中包括1558万个交易型就业机会和2524万个带动型就业机会。

此外，阿里巴巴与中国残联在2015年共同启动互联网助残就业计划，目前残疾人网店已经达到16万家，并有数万人从事客服工作。阿里计划在未来5年内投入3亿元资源，培训10万残疾人，创造5万个适合残疾人的网络就业机会。

根据《阿里巴巴脱贫工作报告》，2018年国家级贫困县在阿里巴巴平台网络销售额已经超过 630 亿元，其中超过 100 个贫困县网络销售额达到或超过 1 亿元。

迄今为止，阿里巴巴已形成以零售平台为引擎的全产业链各环节协同发展的信息时代新商业生态体系。

阿里巴巴的使命、愿景、核心价值观以及一些行为准则不仅仅是价值观管理的一部分，也是驱动所有组织成员真正信仰并执行这些价值观的凝聚力来源。

相信“利他导向”，以致力于共生作为企业价值的标志

德鲁克早在 30 多年前就预言，“21 世纪的公司将更像一个社区……既是一个知识社会，也是一个组织社会，因为只有通过组织化

的实践，知识才能够产生效用。而且，这个知识社会中的企业更像一个社会化和网络化的非营利机构。”[⊖]这些研究表明，今天的企业更需要关注价值观对于组织内外成员的影响，这要求管理层明确自己的价值观，而且更需要在价值观体系中相信“利他导向”，把致力于共生成长作为企业价值的标志。

稻盛和夫创立了两家进入世界500强的日本企业，以78岁的高龄接掌处于亏损的日本航空，用一年的时间创造了日本航空的奇迹。他缔造企业神话背后的驱动力量，正是他毕生所倡导并力行的最简单的为人之道：爱人与利他。

阿里巴巴的使命是，让天下没有难做的生意，从中可以看出马云对于“利他”的认知。

⊖ 彼得·德鲁克. 巨变时代的管理[M]. 北京：机械工业出版社，2019.

马云认为，未来经济一定是利他经济。2014年马云就指出，相信别人要比你重要，相信只有别人成功，你才能成功。数据技术的核心就是利他主义。2015年马云在阿里云栖大会的主题演讲中提出，“利他”思想是DT（data technology）时代最了不起的思想。

星巴克创始人舒尔茨也秉持着“利他”的理念，2017年在清华的演讲“为什么星巴克最重要的不是股东，而是员工”中指出，“一路走来，我们所做的许多决定都并不完全出于经济利益的考虑。事实上，我们想说，我们做出的许多关键决策，都不是从经济利益出发的，甚至经常反其道而行之，但恰恰就是这些决策最后让我们获得了巨大的商业回报。”舒尔茨在当天还宣布了一项重要举措，星巴克为所有符合条件的全职中国员工，全资提供父母重大疾病保险。

如果管理者能秉持利他的管理哲学，不仅可以增加团队凝聚力，而且可以形成积极、正向的团队氛围和价值观。每一个员工都会被管理者利他的行为所感染，进而在团队内部传递利他行为，帮助更多的员工共同成长。

有效的沟通及其对组织成员的影响

管理沟通不同于一般意义上的沟通。管理沟通是围绕企业经营目标而进行的信息、知识传递和理解的过程，是实现管理目标的媒介，也是企业有效运作的润滑剂。

沟通还必须包括两方面的含义，即意义的传递与被理解。我们知道，无论多伟大的思想，如果不传递给他人或被他人理解，都是毫无意义的。沟通并不一定要使对方完全接受自己的观念与价值，但一定要使对方完全明白自己的观念与价值。

有效沟通对企业内部员工的影响

在我们团队早期研究管理沟通课题的时候，有一个小案例给我们留下了深刻的印象，我们在这里引用，以帮助大家理解有效沟通对员工的影响。

当公司最终不得不采取大幅裁员时，内德·巴恩霍特先生制定了严格的规则：员工只能从他的直接主管处得知被裁的消息。每件事都必须在部门内部得到解决，并关注每个计划和每个员工。于是公司的裁员活动以 2/3 的时间沟通，1/3 的时间执行的方式进行着。

第一轮的沟通从内德·巴恩霍特先生开始，他头一次在向华尔街汇报业绩前动用了公司内部的播音系统，因为他希望员工们从他这里得到裁员的消息，而不是从 CNBC 广播电台。他首先感谢每个人为削减成本和降低工资所做的贡献，然后陈述了经营恶化的状况。接着详细说明了为何裁员不可避免，将有多少人会丢掉工作，这一裁员数字由何而来，以及这一“痛苦”的过程将如何进行。员工们都从广播中听到了他那疲惫而无奈的声音。

第二轮沟通由执行裁员的经理完成。这些经理被要求参加了一系列持续一天的培训课程，在那里进行角色扮演，学习和知晓遣散员工的正确及错误方法，以及换位思考、倾听等沟通艺术。内德·巴恩霍特先生要求每位经理尽量做到诚实，比以往更加敞开大门，并且认真回复每一个问题。而员工可以随时随地地通过电子邮件和面谈的方式与高层管理人士进行沟通。内德·巴恩霍特先生本人，也在半年中向大约 2 万名员工发表讲话或是回答了他们提出的问题。

员工们的士气和热情并没有因为大幅裁员而受到影响。公司对于被裁的员工提供离职补贴并帮助他们寻找工作，被裁的员工也采取了特殊的方式与公司告别：一位员工在离开公司前的最后几日，并没有把时间花费在更新个人简历，或是下班后伺机窥探电脑资料上，而是更加努力工作，工作时间更长，并且她的工作热情和在职期间最有效率的时期相媲美。她是这样评价她的 CEO 等领导者的："我对他们不得不这么做感到难过，以尽可能好的方式结束工作是我送给他们的礼物！"㊀

㊀ 陈春花，曹洲涛，张春阳. 管理沟通 [M]. 广州：华南理工大学出版社，2007.

这个案例一直深深地影响着我们，**如果管理者与员工坦诚相对，让员工得知全部的信息，以及所遭遇的情形，员工就会和管理者一起来面对困难并解决困难。**很多大公司每年都会安排预算，固定地投入大量资金进行观察研究、成立专门小组、分发征询赠券，甚至设立信息交流台以便深入了解顾客。但很少有公司投入同样的资源和精力去理解员工，去了解员工的需求、行为模式以及设立及时的回应机制。但是，我们都很清楚，其实，只有企业员工才真正了解、关心并能够满足顾客的需求。

1982 年由托马斯、佩里思、福斯等咨询公司联合发起的对 26 家美国和加拿大企业的调查，得出大致相同的结论。员工们从“小道消息”获得的信息量仅次于顶头上司，90% 的人都希望顶头上司成为“优先信息源”。研究还指出，如果顶头上司和经理等正式沟通网络不能完全满足员工的信息需要，则不受控制的、非正式的沟通网络将成为企业经营方针与发展方向的基本信息源。

这些现象并未随着时间推移而消失，相反，互联网时代，**如果管理层不做出主动的有效沟通，员工们会更容易从不同的渠道获得“小道消息”，那些不受控制的、非正式的沟通网络则会更加广泛地影响着员工，进而直接影响企业的发展。**

有效沟通对于企业外部成员的影响

日本奈良有一个世界一流的旅馆，每年春夏两季游人如织，但每年四月以后，燕子便争相飞到旅馆檐下，筑窝栖息，繁衍后代。招人喜爱的燕子都有随便排泄的不懂事之处，刚出壳的雏燕更是把粪便溅在明净的玻璃窗上或雅洁的走廊上，尽管服务员不停地擦洗，但我行我素的燕子总会在旅馆留下污渍。于是，客人不高兴了，纷纷找服务员投诉，影响效益的危机出现了，有关人士大伤脑筋。但不久，这种现象便渐渐消失了。原因是客人们看到了一封“燕子”写的信。

女士们、先生们：

我们是刚从南方赶来这儿过春天的小燕子，没有征得主人的同意，就在这儿安了家，还要生儿育女。我们的小宝贝年幼无知，很不懂事，我们的习惯也不好，常常弄脏你们的玻璃窗和走廊，致使你们不愉快。我们很过意不去，请你们多多原谅。

你们的朋友：小燕子

寻找欢乐的游客见到小燕子的信，都被逗乐了，肚子里的怨气也在大笑中悄然散去。

看到这里，相信你也会会心一笑。这就是与企业外部成员沟通，建立信任，达成理解并产生价值。

身为经济专栏作家的艾维·李（Ivy Ledbetter Lee）利用新闻工作的经验和从工商界得到的知识，致力于更好地沟通企业界和报刊媒介，建议公司改善各种关系。他曾使当时世界上最富有的约翰·D. 洛克菲勒（John D. Rockefeller）从一位冷酷、贪婪的大亨变成一位乐善好施的慈善家，也曾使深受罢工风潮困扰的一些公司改善形象。由于艾维·李的成功，后人将其称为“公共关系之父”。如果我们从“公共关系”的视角去看待今天一家企业所要面对的各种关联和影响，就不难理解为什么需要建立好企业的外部沟通了。

任何企业的生存和发展都有赖于企业与外部成员形成价值共享与共创的过程，也有赖于良好的公众环境的培植以及和谐的公众舆论的认可和支持。我们之所以强调有效的沟通，正是源于此，借助于有效沟通的管理职能，帮助企业获得外部成员的协同与价值创造，从而获得更大的成长空间。

局部利益与整体利益及其对员工的影响

在现实的管理中，个体利益和组织利益总是存在着很多摩擦，部门之间为了保护既得利益不断设障；而组织个体的利益与价值网络或者社会网络的利益也存在冲突或者不和谐，从而导致局部利益和系统利益的冲突。

在组织管理中，较常见的就是“部门墙”。

企业发展之初，人员较少，管理非常简单，部门墙也并未呈现。伴随着规模的不断扩大、业务的增加和人员的扩充，组织流程越来越复杂，同时管理水平在不断升级中难免滞后，呈现在部门之间就是职责划分不清、空白地带增加、推诿扯皮。员工们的心理也在逐步改变，开始从企业向单一部门过渡，部门之间的权力争夺和责任推诿，导致部门间距离越来越远，部门墙也就相伴慢慢滋长成形。

2010 年，华为一位内部员工发表了一篇文章，提出华为管理的十大“内耗”，此文在 2010 年被《华为人》评为 2010 年华为之最。这篇文章直奔企业的问题本质，在十大问题之首，就是“无比厚重的部门墙”。

作者在文中写道，“一般产品出问题，我们都是互相推卸责任，经常最后发现谁的责任都不是……通信产品非常复杂，结合部模糊地带也很多，推卸责任还是很容易的。”你看到这段文字的时候，是不是有似曾相识的感觉，其实很多企业都存在这些现象。作者继续写道，“还有就是内部协调起来特别困难，如果不是自己牵头或者自己部门牵头的项目，就很难调动资源了。我们很多主管一般都只提出自己部门内部相互协作，希望协作中能给自己的组织带来好的绩效，当自己的部门要协作外部部门时，就开始推三阻四了。”作者认为，“这种自私的假协作最终带来内外都不协作，很多时候都在做布朗运动，这种运动对大企业来说是灾难性的。”[一]

华为经过内部大讨论，展开了拿掉“部门墙”的管理提升，持续推动流程化组织的

[一] 华为内网“心声社区”。

建设。华为在流程建设方面，首先从方法论上确定了规则，即“流程的核心要反映业务的本质，还原以后，该是谁的就是谁的”。然后，针对三大业务流，建立对应的三个系统，即 IPD（产品集成开发）、LTC（机会至收款）、ITR（售后），同时用流程 IT 的方式进行固化。最后，在“以客户为中心”的理论指导下，进行组织配置，包括责任人、考核方式等，保证盲人也能共同拼出一头真正的大象。这也许就是今天我们看到华为 18 万人凝成一人的原因之一。

管理者对员工的影响是最直接和可见的，如果管理者只关注部门利益，那么“部门墙”是无论如何都拿不掉的；如果管理者只注重自身企业的利益，那么，让员工主动关注企业外部成员的利益，应该是不太可能的；如果管理者只关注局部利益，从内而外，员工也很难会为整体利益做出贡献。

局部利益是系统利益的异化

个人或是部门利益的保护在组织情境下有三种原因：第一，是因为职能分工，分工为部门划分了职能边界，边界之间衔接之处就产生了不和谐的因素；第二，是问责机制的存在，导致在责任不清的部分，相互推诿扯皮；第三，既得利益丰厚，占山为王意识强烈。

华为在解决部门利益与整体利益的冲突方面进行了成功的尝试。华为的模式大家关注比较多的是华为财富分享计划，其实在华为模式中，还有权力分享计划，也就是财富与权力共享模式。

权力分享计划的设计，让华为员工能够

更好地面对自己的责任与公司整体责任之间的关系，可以帮助组织内成员轮换岗位，并保持一致性。权力分享计划让权力不再固化在角色上，也就相应地解决了利益固化的问题，也解决了个人只为局部利益考虑的问题，个人也就没有归属部门的利益固化。

有一次我们去华为调研，其中一项介绍令我们印象深刻，华为海外员工，每三年就会轮岗，我们觉得这个设计很独特，因为一个人到一个新国家，第一年熟悉，第二年融入，第三年可以发挥作用了，但是这个时候却被轮岗了，这不是很浪费吗？华为认为这不是浪费，因为如果一个员工对自己的工作非常熟悉，也会进入舒适区，进入舒适区就可能产生懈怠；如果持续固化在这个地方，则会带来不协作的可能性。可见，岗位轮值对于打破局部利益和系统利益的不协同是一种有益的尝试。

华为轮值模式在2004年开始推行，任正非指出，“过去的传统是授权予一个人，因此公司命运就系在这一个人身上。成也萧何，败也萧何。非常多的历史证明了这是有更大风险的。”“轮值期结束后并不退出核心层，就可避免一朝天子一朝臣，使优秀员工能在不同的轮值CEO下，持续在岗工作。一部分优秀的员工使用不当的情况不会发生，因为干部都是轮值期间共同决策使用的，他们不会被随意更换，使公司得以持续稳定发展。同时，受制于资本力量的管制、董事会的约束，又不至于盲目发展，也许是成功之路。”[⊖]华为轮值模式的设立，让企业不需要依赖任何一个人进行传承，优秀的员工可以有更多的机会脱颖而出。

⊖ 华为内网“心声社区”。

第九章

培养卓有成效的协同管理行为

管理者不同于技术和资本，不可能依赖进口。

中国发展的核心问题，是要培养一批卓有成效的管理者。

——彼得·德鲁克

我们在持续近30年中国本土领先企业研究的过程中发现，这些领先企业都有一位卓越的领导者，我们称其为“英雄领袖”，他们具有强烈的使命感，对社会、民族有责任心，同时对行业有足够的认识，推动行业进步。领导者既能够发展自己，也能够发展别人。他们能够把使命、愿景和人紧密关联起来，把经济发展和人紧密关联起来，也因为此，这些领导人可以让组织成员跟随他们，使得他们的企业成为领先企业。

华为公司在1998年发布的《华为基本法》中就明确提出了“我们强调人力资本不断增值

的目标优先于财务资本增值的目标”，坚持把各级干部队伍建设放在优先的战略地位。2018年，华为公司销售收入达到7212亿元，净利润593亿元，研发费用投入1015亿元，华为公司成为最受国际关注的中国卓越企业之一。华为的发展无疑佐证着，卓越的管理层和领导者起着绝对的作用。

卓有成效的协同管理者及其特征

在我们看来，卓有成效的协同管理者的基本特征是：行动导向、注重结果、愿意聆听、致力增长、懂得欣赏。

行动导向

詹姆斯·库泽斯（James M.Kouzes）、巴里·波斯纳（Barry Z.Posner）在《领导力：

如何在组织中成就卓越》（*The Leadership Challenge: How to Make Extraordinary Things Happen in Organizations*）一书中展示了他们进行的一项研究，该研究自1982年起已调研了几万个受访者。他们在调研中提问，“当你处于最佳领导者状态时，你做了什么？”受访对象包含各种不同类型的组织中的人，他们处于不同的阶层、不同的岗位。研究者综合他们对于所经历的故事和行为的描述，分析得出排第一位的是，领导者能够**以身作则**。[1]

以倡导“以奋斗者为本”的华为为例，70多岁的任正非，每一次出现在公众视野，无论是在工作场合还是新闻媒体上，始终是一种积

[1] 詹姆斯 M 库泽斯，巴里 Z 波斯纳. 领导力：如何在组织中成就卓越［M］. 徐中，周政. 王俊杰，译. 北京：电子工业出版社，2013.

极乐观而又充满活力的形象，他身体力行践行着华为的奋斗者精神。自 44 岁创业开始，任正非就秉承“艰苦奋斗”的理念，即使到今天，他还保持一年 200 多天扑在客户和市场上。任正非一直都很低调，大部分上下班时间都会选择公交或是地铁，出差时自己拎包、赶车都是常态。在这样的领导的熏陶下，华为的管理层普遍以身作则，身先士卒，率先垂范。

任正非挂念在艰苦环境中工作的员工，常年飞到世界各地去探望。他在泰国与地区负责人的讲话以及在尼泊尔与员工座谈的讲话中提道，“我承诺，只要我还飞得动，就会到艰苦地区来看你们，到战乱、瘟疫……地区来陪你们。我若贪生怕死，何来让你们去英勇奋斗。在阿富汗战乱时，我去看望过员工。利比亚开战前两天，我还在利比亚，当我飞到伊拉克时，利比亚就开战了。伊拉克首富告诉我，‘我们今天必须将你送走，明天伊拉克就封路开战了。我们不能用专机送你，不安全，我们派保镖用车送。’结果前后一个大车队，十多名保镖，连续奔驰了一千多公里，把我送上了最后一架飞机。一路上换车队，就如从深圳到西藏，经过广西换广西车队，经过贵州、云南换当地车队。”任正非用实际行动印证“我若贪生怕死，何来让你们去英勇奋斗”，用《奋斗者计划》保障了奋斗者的利益，赢得了华为员工的信任。一代又一代华为人的艰苦奋斗，改变了世界行业格局。

正如任正非所展现出来的那样，管理者的行动是最好的说明。**管理者应充分认识到，一定要用行动去赢得信任，用行动去获取发展的可能性，因为管理者的行动，会有效地**

激励团队成员变得更加积极和富有行动力。

注重结果

稻盛和夫先生创立了京瓷、KDDI两个世界500强企业，他为京瓷公司制定的经营理念是：“在追求全体员工物质和精神两方面幸福的同时，为人类社会的进步发展做出贡献。”2010年在日本航空公司即将倒闭之际，稻盛和夫临危受命，历经424天创造了日航历史最高利润纪录1884亿日元。短短一年的时间，日航在稻盛和夫先生的带领下，由亏损转为“三个第一”，即利润世界第一，准点率世界第一，服务水平世界第一。由于屡创佳绩，稻盛和夫与松下幸之助、盛田昭夫、本田宗一郎齐名，被称为日本四大“经营之圣”。

稻盛和夫在接受政府的邀请出任日航董事

长时，已是快80岁的高龄了。他去日航前提出了两个条件，第一是零薪水出任CEO，第二是不带团队去日航。他被访谈问到去日航出任CEO期间的第一件事时，他说，“与我们创建和经营京瓷公司、KDDI公司一样。我们觉得，只有把员工的幸福放在第一位，大家团结一心，经营者与员工的心灵产生共鸣，企业才能走出困境，才能获得健康发展。”稻盛和夫的管理实践证明，只有真正帮助到员工、顾客、合作伙伴的管理者，才会真正取得绩效。

我们强调注重结果，就是要求管理者不能让价值观停留在理念层面，然后对各个组织成员说：“相信我们，我们知道什么是最好的，什么是对的选择。”想要成功，必须确定目标，然后去持续努力，并实现目标，确保获得结果。

愿意聆听

很多人以为有用和权威性的发言，别人才会听。这种想法使得许多经理在发言时总是用很大的声音，让声音听起来掷地有声。渐渐地，他们开始依恋他们自己的声音，认为他们已经达到了预想的境界，于是他们任意地重复自己的话语，说他们偏爱的笑话，并且习惯性地打断下属的讲话，而让自己滔滔不绝。

事实上，对于管理人员而言，听的能力甚至比以前还重要。观察别人并从他们的语言中提取有价值信息的能力有助于管理者说服员工接受自己的意见，同时还可以建立信任；管理者还需要认识到，如果你能分辨出所听到的话的实质，而不仅仅从表面上理解其含义，也许会避免很多误会。

松下幸之助（Konosuke Matsushita）把自己的全部经营秘诀归结为一句话："首先细心倾听他人的意见。"美国著名的玫琳凯化妆品公司创始人玫琳·凯（Mary Kay）说："一位优秀的管理人员应该多听少讲，也许这就是上天赐给我们两只耳朵、一张嘴巴的缘故吧。"威廉·特雷西（William R.Tracey）曾在《关键技能》一书中建议人力资源经理花65%的时间倾听，25%的时间发言，余下10%的时间才用于阅读和写作。

倾听除了对个体重要之外，其过程对一位管理者来说有着更重要的影响。因为管理沟通的倾听部分对整个组织都有十分重要的意义。海伦·理查森（Helen Richardson）将倾听描述为通过倾听而沟通。她将倾听视为双向沟通的一部分，督促管理者开放地倾听，使之成为改善组织的方法。这种开放要求管理者具有风险意识——可能会听到他们不想听到的东西。去倾听与自己相关的一些新东西而产生的内心的不舒服在人际交往中是不可避免的。对管理者来说，没有倾听意味着重大沟通损失。对员工来说，管理者不听或者缺乏注意力，意味着缺少被听见或理解的士气。为防止这样的损失，管理者必须去倾听。

致力增长

可口可乐公司是一家令人敬佩的公司，它创立于 1886 年，在 2018 年世界 500 强中排名第 328 位。人们从各个角度来分析这家企业所取得的辉煌，其中最令人赞叹的，就是它从来不放弃增长。在可口可乐的发展历程中，有一个故事很典型。当它拥有的碳酸饮料市场份额超过65%时，很多经理人认为这样的份额很难再有更大的增长了。但是，总裁召集大家开会时问：如果计算一个人喝到胃内的液体，可口可乐的占比会是多少？结果是，可口可乐只占了2%。这次会议可以说是可口可乐增长型思维的一个缩影。

众所周知，可口可乐可谓是品牌和营销领域泰斗级的存在，常常被当作商学院的经典营销案例。然而2017年可口可乐却突然宣布撤销首席营销官职位，取而代之的是一个新角色——首席增长官。这个职务融合了营销、用户服务、商业领导战略等职能，并直接向CEO汇报。

2017年3月可口可乐在上海举办研讨会，讨论“加速中国”战略构想，60位高管参会，两天的会议只讨论一件事情，“我们怎样才能实现增长，甚至是突破常规的增长”。最终通过对会议提出的 100 多个增长想法的投票，选出四个项目投入额外的资源来实施。致力于增长是管理者的第四个特质，管理者的增长型思维决定着组织的增长。很多时候我们发现，许多领导者在意的是企业的规模或是当期的利润，其实这两件事情并不是最重要的，对企业而言，最重要的事情就是获得持续增长。

懂得欣赏

哲学家詹姆士（William James）说过，“人类本质中最殷切的要求是渴望被肯定。”而欣赏就是肯定一个人的重要表现之一。当管理者用欣赏和信任的方式，让员工去做事情时，结果往往出乎意料的好。尤其是面对需要协同众多利益相关者的任务时，管理者对于员工的授权和信任，会真正激发员工的潜能。欣赏不仅仅是针对内部员工的，同样的作用也在企业外部成员中发挥，只要企业愿意给予合作伙伴欣赏，就会形成一种良性的价值网络并获得回馈。

作为法国最大的广告与传播集团，阳狮集团具有非常强的链接能力，会链接诸如谷歌、雅虎等媒体运营商来提升自身数字广告的专长，而获得这样成效的真实原因，是阳狮集团非常欣赏合作伙伴的专长和技术贡献，并寻求双方共赢。2018 年该集团与阿里巴巴、优酷合作，借助于阿里云的技术能力，创建全新的云上营销平台，共同布局实现内容营销的数字化。

阳狮集团以品牌营销引领者的姿态，提升广告营销的效益和效率，通过帮助顾客进行数字化转型，为品牌广告生态带来新的价值。其前 CEO 科鲁兹将自己的工作描述为：“我们一直觉得我们的工作是尝试各种新颖的方法将利益与人才建立起联系……我们是让其他 20 个媒介总监都说‘是的，我们为他工作’的那个人。并且我们知道他们都认为在自己的专业领域内，他们比我们强，或许他们是对的，而我们的工作是要把他们聚集在一起。我们没有得到那份工作，因为我们知道一些他们所不知道的事，而正是这些事成了我们的必杀技。”正是因为阳狮集团真心欣赏合作伙伴的专业能力与技术水准，才让他们获得了巨大的支持，从而开发出全新的成长空间。

卓有成效的协同管理行为培养

在万物互联时代，管理者被赋予了新的责任和使命。只有当组织将具有协同管理理念的管理者视为重要的资产和组织发展的承载者，企业才能够获得各种资源和要素的有效重组，才会拥有价值创造的能力。在理解协同管理者的特征基础上，我们得出集聚与培育卓有成效的协同管理者的三个基本条件。

第一，“灰度管理”

“灰度管理”是华为高层管理者必须掌握的管理技能，任正非认为，“开放、妥协、灰度是华为文化的精髓，也是一个领导者的风范。”“如何去理解‘开放、妥协、灰度’？不要认为这是一个简单的问题，黑和白永远都是固定的标准，什么时候深灰一点，什么时候浅灰一点？领袖就是要掌握灰度。”

我们理解任正非之所以要求华为的高管坚持灰度管理，是因为灰度管理就是要协调各种矛盾，包容各种矛盾，并在各种矛盾中协调出创新和结果。我们在参与华为19级以上的管理层培训时，针对灰度管理这个话题展开过深度的沟通。从白色过渡到黑色，其间有几百种灰色，每一种过渡色都被称为灰度。华为认为高管面对的问题，会有几百种不同的情况出现，有能力解决这几百种不同情况下的问题，就叫灰度管理，其核心就是倡导包容和协调冲突。

美国工程院院长克莱顿·丹尼尔·牟德（Clayton Daniel Mote）认为，当今世界“拥有热情无疑是最重要的，其次是要有独立自主的创新环境，这就意味着必须容忍失败”。关于创新的容错率，谷歌创始人佩奇甚至还表扬了一位造成数百万美元损失的高管，“我们很高兴你犯了这个错误。因为我们希望公司能够行动迅速，做很多很多的事情，而不是谨小慎微，什么也不敢做。”这与华为“做出来是天才，做不出来是人才”，对人才创新的容错有极为相似的一面。组织能不能开放，能不能吸引更多的成员进行自发的创新和创造，其中一个重要的考量就是组织文化上的包容度。因为这决定了组织能不能与更多的人协同，能不能与更多的组织成员在协同促发展的道路上越走越远。

第二，授权信任

组织内外部的成员本身就是一种资源，只是往往被管理者忽视。他们所具有的学识、经验和解决问题的方法，可以带给组织极大的帮助，甚至他们累积的顾客资源、供应商的关系、联结家庭和社会关系的网络都是帮助企业的关键要素，而组织成员本身所具有的影响力更是可以使其他成员快速成长的推动力。在很多情况下，只要我们找到合适的人，相信并授予他们一定的权力，一切问题就迎刃而解。如果管理者愿意承担最终的结果，先授权信任组织成员，其被授权成员所激发出来的价值创造往往超出预期。

美国著名管理学家麦格雷戈（Douglas McGregor）说："企业这一组织系统，是因鼓励人的行为才存在的。这一系统的输入、输出和由输入转化为输出的过程，都由人与人的关系和人的行为来决定。"组织成员所处的工作环境和自身具备的经验与知识，让他们处于一个距离解决问题更佳的位置。所以管理者要时刻秉持"我们所能者，尽善尽美；我们所不能者，虚怀若谷"，这样才能真正培养和激发组织成员的协同管理行为。

第三，激励激活

谷歌被誉为一家伟大的创新型公司，这也就意味着公司拥有很多创新型的人才，为了激发员工的创新积极性，谷歌为员工提供了一个让各种创意因素可以自由碰撞、自由生长的环境。谷歌独创了“20% 时间制”的工作方式，允许工程师用 20% 的时间自由研究自己喜欢的项目，现在被用户喜爱的谷歌新闻、谷歌地图等都是 20% 时间的产物。

“20% 时间制”最宝贵的地方不在于由此诞生的新产品或新技能，而在于它不仅鼓励了员工与工作上不常打交道的同事相互合作，而且激励员工锻炼新的技能，培养创新的思维，由此培养出更多精干的创意精英。谷歌坚持，

“要创造世界上最令人感到幸福、最能激发生产力的工作场所”。

德鲁克曾指出，21世纪是知识经济时代，真正的知识工作者、知识员工有高度的自主性，所以知识型组织需要拥有两条轴线，一条是职能部门轴线，对人及其知识进行管理，另一条则是团队的轴线，对工作和任务进行管理，而这方面做得最好的就是华为。

任正非在回顾自己30多年的管理实践时说：“华为的财富只有两样——一是由管理架构、流程与IT支撑的管理体系，二是对人的管理和激励机制。华为相信，资金、技术、人才这些生产要素只有靠管理将其整合在一起，才能发挥出效应。”他更明确地告诉大家：“二十多年来，我们最重要的工作就是选人用人、分钱分权。把人才用好了，把干部管好了，把钱和权分好了，很多管理问题就都解决了。”[1]

无论是谷歌还是华为，对于知识型员工的激励与激活，都获得了真实的绩效，而且这些设计不仅仅是针对公司内部的员工，华为与合作伙伴共享价值成长的设计，也同样是华为获得强劲增长的根本原因。有了明确的激励安排，可以激活组织成员，协同公司的战略、团队的目标、企业的绩效去做自我管理，展示出人人都是协同管理者的良性运转状态，从而获得人力资本与战略的高效协同。

第四，技术平台

很多人不禁会问，当一个平台由几千个小

---

[1] 任正非：人才不是华为的核心竞争力，对人才进行管理的能力才是核心竞争力［EB/OL］.［2019-02-11］. http://www.sohu.com/a/294021779_99970508.

微成员组成，且很多业务与海尔的传统业务不一致，组织管理是否也是一种困境呢？海尔做了一个绩效考核工具来解决这个问题，这个工具就是“二维点阵图”。

该图的横轴是“企业价值”，衡量的是诸如销售收入、利润、平台交易额、市场占有率、市值等这些常见的企业绩效指标。纵轴是“网络价值”，也就是用户价值，是实现横轴竞争力的差异化路径和能力。

除了“二维点阵图”，海尔还有其他的工具，比如“海尔战略损益表”“对赌承诺关系图”，要成为平台就要拥有“千手观音”的“千只手”，这“千只手”其实就是内外部交易秩序的约定。经济学中“有形的手”和“无形的手”都是在调节这个部分，这种管理犹如千手观音的手一样“幻化于无形”。

数字技术与平台技术，为形成管理者的协同行为提供了有效的帮助，一方面让协同价值容易被量化或者被度量出来，另一方面让协同工作更容易实施。我们今天可以讨论协同效率本身，也是得益于数字技术和平台技术的发展。

一个组织要在巨变时代更好地发展，离不开系统的力量，这种力量不断帮助企业获得更高效率和更低成本的运营绩效，从而为顾客创造更大的价值。传统企业就像是一棵松树，成长起来需要几十年甚至上百年的时间；而向互联网借势共生的企业，一夜春雨就长大了。协同互利而获得高效率的案例越来越多，这也让我们坚信：协同范围越大，生命力越强。

参考文献

[1] 克劳斯·施瓦布. 第四次工业革命：转型的力量[M]. 北京：中信出版集团，2016.

[2] 陈春花，廖建文. 打造数字战略的认知框架[J]. 哈佛商业评论，2018（7）：119-123.

[3] 弗雷德里克·泰勒. 科学管理原理[M]. 马风才，译. 北京：机械工业出版社，2007.

[4] 陈春花. 泰勒与劳动生产效率：写在《科学管理原理》百年诞辰[J]. 管理世界，2011（7）：164-168.

[5] 亨利·法约尔. 工业管理与一般管理[M]. 迟力耕，张璇，译. 北京：机械工业出版社，

2007.

[6] 玛丽·福列特. 福列特论管理[M]. 吴晓波，郭京京，詹也，译. 北京：机械工业出版社，2007.

[7] 陈春花，朱丽，徐石，刘古权. “协同管理”价值取向基础研究：基于协同管理软件企业单案例研究[J]. 管理世界（增刊），2017：13-21.

[8] Schmidt E, Rosenberg J. How Google Works [M]. New York: Grand Central Publishing, 2014.

[9] 陈春花.组织变革与组织赋能[EB/OL]. [2016-6-2]. 中国人力资源网. http://www.sohu.com/a/79526018_301243.

[10] 陈春花. 共享时代的到来需要管理新范式[J]. 管理学报，2016（2）：157-164.

[11] 陈春花. 激活个体 [M]. 北京：机械工业出版社，2016.

[12] 彼得·德鲁克. 管理：使命、责任、实务 [M]. 王永贵，译. 北京：机械工业出版社，2009.

[13] 陈春花，赵海然. 共生：未来企业组织进化的路径 [M]. 北京：中信出版集团，2018.

[14] 陈春花. 激活组织 [M]. 北京：机械工业出版社，2017.

[15] 1990–2019 全球前十大市值公司变迁 [EB/OL]. [2019-04-29]. 腾讯新闻网. https://xw.qq.com/cmsid/20190429A0JT6R00.

[16] Capra. The Web of Life: A New Synthesis of Mind and Matter [M]. London: Harper Collins, 1996.

[17] 陈春花. 百年管理已从分工走向协同，必须

了解的七大原理［EB/OL］.［2018-05-28］. 搜狐网. http://www.sohu.com/a/233220466_169235.

［18］陈春花. 企业是个整体：管理整体论 7 大原理［J］. 哈佛商业评论，2008（5）：127-132.

［19］尤瓦尔·赫拉利. 未来简史［M］. 林俊宏，译. 北京：中信出版集团，2017.

［20］切斯特 I 巴纳德. 经理人员的职能［M］. 王永贵，译. 北京：机械工业出版社，2007.

［21］弗朗西斯·福山. 信任：社会美德与创造经济繁荣［M］. 桂林：广西师范大学出版社，2016.

［22］唐·泰普斯科特，安东尼·D 威廉姆斯. 维基经济学：大规模协作如何改变一切［M］. 何帆，林季红，译. 北京：中国青年出版社，2012.

[23] 华为2018年年报[R]. 华为官网. https://www.huawei.com/cn/press-events/annual-report/2018.

[24] 陈春花. 我读管理经典[M]. 北京：机械工业出版社，2015.

[25] 孙继滨. 卓有成效：管理者的职业习惯[M]. 北京：清华大学出版社，2015.

[26] 中外管理. 操盘人揭秘：海尔整合GE家电的理念、策略及如何落地[EB/OL]. [2019-06-05]. 新浪财经.https://cj.sina.com.cn/article/detail/1790671321/94369?cre=financepagepc&mod=f&loc=1&r=9&doct=0&rfunc=.

[27] 詹姆斯·卡斯. 有限与无限的游戏[M]. 马小悟，余倩，译. 北京：电子工业出版社，2013.

[28] 凯文·凯利. 失控[M]. 张行舟，译. 北京：电子工业出版社，2018.

[29] 陈春花. 企业边界管理[J]. 商界（中国商业评论），2007（2）：39-41.

[30] 张彦伟，贾理君. 海尔自杀式重生能否奏效[J]. 企业管理，2014（9）：50-53.

[31] 海尔COSMOPlat取得多方面成果 成大规模定制解决方案平台[EB/OL].[2019-03-02]. 人民网. http://homea.people.com.cn/n1/2019/0302/c41390-30953696.html.

[32] 马云. 马云卸任演讲：阿里巴巴的成功在于信任[EB/OL].[2013-05-10]. 腾讯科技. http://tech.qq.com/a/20130510/000113.htm.

[33] 彼得·德鲁克. 卓有成效的管理者[M]. 许是祥，译. 北京：机械工业出版社，2009.

[34] 京东人事与组织效率铁律十四条[EB/OL].[2018-11-02]. 搜狐科技. http://www.sohu.com/a/235819293_99922725.

[35] 萨提亚·纳德拉. 刷新：重新发现商业与未来[M]. 陈召强，杨洋，译. 北京：中信出版集团，2018.

[36] 王骞. 京东丨人力资源数字化转型的实践[EB/OL].[2018-09-15]. 搜狐科技. https://www.sohu.com/a/254077964_183808.

[37] 彼得·德鲁克. 管理：使命、责任、实务（实务篇）[M]. 王永贵，译. 北京：机械工业出版社，2009.

[38] 本多利范. 零售的本质[M]. 北京：中信出版集团，2019.

[39] 陈春花. 共生成长，远离竞争的价值创新[J]. 销售与管理，2015（11）：15.

[40] 兰·费雪. 完美的群体：如何掌控群体智慧的力量[M]. 杭州：浙江人民出版社，2013.

［41］ 陈春花，朱丽. 激活组织七要素：从个体价值到集合智慧［J］. 珞珈管理评论，2017，16（4）：1-14.

［42］ 陈春花. 中国企业管理重构要从竞争逻辑转向共生逻辑［EB/OL］.［2018-08-08］. 人民网. http://finance.people.com.cn/n1/2018/0808/c1004-30217357.html.

［43］ 陈春花. 7-11 带来的新零售启发：效率依赖于共生平台系统［EB/OL］.［2018-01-15］. 人民网. http://www.sohu.com/a/216735806_330810.

［44］ 2018年义乌市国民经济和社会发展统计公报［R］. 2018. http://www.yw.gov.cn/11330782002609848G/bmxxgk/12330782684524904C/04_1/201904/t20190419_3876846_2.html.

［45］ 7-Eleven 在全球 17 个国家和地区拥有超过

7万家门店，是全球最赚钱的［EB/OL］.［2018-08-28］. 搜狐科技. http://www.sohu.com/a/250423570_100036120.

［46］刘慈欣. 三体［M］. 重庆：重庆出版社，2010.

［47］陈春花，宋一晓，朱丽. 不确定性环境下组织转型的4个关键环节：基于新希望六和股份有限公司的案例分析［J］. 管理学报，2018（1）：1-10.

［48］妙法老和尚：一个懂佛的人应该这样理解《西游记》［EB/OL］.［2011-12-02］. 学佛网. http://www.xuefo.net/nr/article10/100532.html.

［49］吉姆·柯林斯. 基业长青［M］. 真如，译. 北京：中信出版社，2009.

［50］弗雷德·菲德勒. 让工作适合管理者［M］. 北京：中国科学出版社，1965.

[51] 彼得·圣吉. 第五项修炼[M]. 张成林，译. 北京：中信出版社，2009.

[52] 陈春花. 从理念到行为习惯：企业文化管理[M]. 北京：机械工业出版社，2011.

[53] 彼得·德鲁克. 巨变时代的管理[M]. 北京：机械工业出版社，2019.

[54] 陈春花，曹洲涛，张春阳. 管理沟通[M]. 广州：华南理工大学出版社，2007.

[55] 詹姆斯 M 库泽斯，巴里 Z 波斯纳. 领导力：如何在组织中成就卓越[M]. 徐中，周政. 王俊杰，译. 北京：电子工业出版社，2013.

[56] 任正非：人才不是华为的核心竞争力，对人才进行管理的能力才是核心竞争力[EB/OL].[2019-02-11]. 搜狐网. http://www.sohu.com/a/294021779_99970508.

陈春花管理经典

关于中国企业成长的学问

一、理解管理的必修课		
1.《经营的本质》	978-7-111-54935-2	59.00
2.《管理的常识：让管理发挥绩效的8个基本概念》	978-7-111-54878-2	45.00
3.《回归营销基本层面》	978-7-111-54837-9	45.00
4.《激活个体：互联网时代的组织管理新范式》	978-7-111-54570-5	49.00
5.《中国管理问题10大解析》	978-7-111-54838-6	49.00
二、向卓越企业学习		
6.《领先之道》	978-7-111-54919-2	59.00
7.《高成长企业组织与文化创新》	978-7-111-54871-3	49.00
8.《中国领先企业管理思想研究》	978-7-111-54567-5	59.00

陈春花管理经典

关于中国企业成长的学问

三、构筑增长的基础		
9.《成为价值型企业》	978-7-111-54777-8	45.00
10.《争夺价值链》	978-7-111-54936-9	59.00
11.《超越竞争：微利时代的经营模式》	978-7-111-54892-8	45.00
12.《冬天的作为：企业如何逆境增长》	978-7-111-54765-5	45.00
13.《激活组织：从个体价值到集合智慧》	978-7-111-56578-9	49.00
14.《协同：数字化时代组织效率的本质》	978-7-111-63532-1	79.00
四、文化夯实根基		
15.《从理念到行为习惯：企业文化管理》	978-7-111-54713-6	49.00
16.《企业文化塑造》	978-7-111-54800-3	45.00
五、底层逻辑		
17.《我读管理经典》	978-7-111-54659-7	45.00
18.《经济发展与价值选择》	978-7-111-54890-4	45.00
六、企业转型与变革		
19.《改变是组织最大的资产：新希望六和转型实务》	978-7-111-56324-2	49.00
20.《共识：与经理人的九封交流信》	978-7-111-56321-1	39.00